AF563826

LYON

EN

MIL HUIT CENT DIX-SEPT;

PAR LE COLONEL **FABVIER**,

Ayant fait les fonctions de Chef de l'État-Major du Lieutenant du Roi, dans les 7e et 19e divisions militaires.

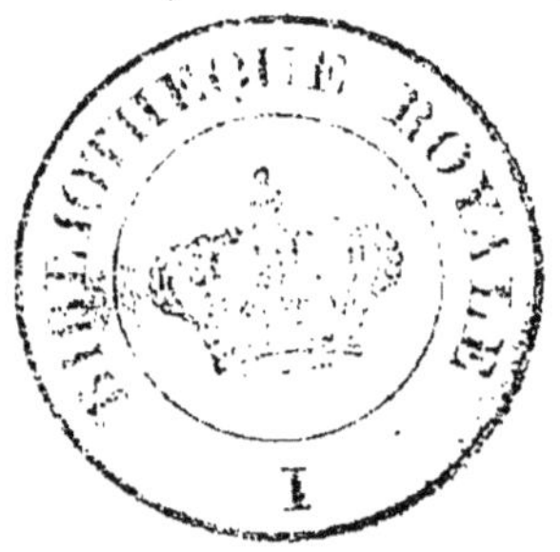

A PARIS,

CHEZ DELAUNAY, LIBRAIRE, PALAIS-ROYAL,

GALERIE DE BOIS, N° 243.

1818.

foyer d'une vaste conspiration, d'accuser les débris de l'ancienne armée des mouvemens et des excès qui ont troublé le repos de cette contrée, d'accuser le maréchal lui-même d'avoir abusé de ses pouvoirs pour suspendre des maires qui n'avaient d'autres crimes à se reprocher *que leur dévouement à la légitimité*, pour punir des *officiers qui n'avaient d'autres torts que d'avoir prévenu les effets de la sédition, et de s'être rendus trop redoutables aux ennemis du trône.*

Le gouvernement possède les matériaux qui peuvent l'éclairer sur cette affaire, et sa sagesse saura bien choisir l'instant où il sera utile de faire connaître toute la vérité. M. le maréchal, en gardant le silence, obéit sans doute à de grandes considérations; il est d'ailleurs suffisamment vengé par le souvenir du bien qu'il a fait, par les témoignages éclatans de satisfaction qu'il a reçus du Roi. Pour moi, qui, dans cette mission, ai rempli près de lui les fonctions de chef d'état-major, je crois faire une chose utile et honorable en cédant au désir que j'éprouve de repousser une attaque injuste. Je cède d'ailleurs au besoin, mille fois plus pressant encore pour un Français ami de son pays, d'empêcher que l'opinion ne s'égare sur les véritables causes de l'horrible tragédie qui a terrifié et ensanglanté une contrée tout entière; de dire à la France que cette population respectable et digne d'un si grand intérêt, que ces anciens militaires dénoncés à la justice nationale, n'ont mérité d'être signalés que par la résignation avec laquelle ils ont supporté les persécutions dont on les a accablés; que, si quelques-uns se sont laissé prendre aux piéges qui leur étaient tendus, l'immense majorité n'a pas cessé d'être patriote, amie de l'ordre et de la paix; je cède enfin à l'espérance que le tableau de ce qui s'est fait, en démasquant les artisans de nos malheurs, pourra les faire renoncer désormais à leurs coupables projets, ou empêcher du moins qu'ils ne trouvent encore une fois des dupes ou des victimes.

Les événemens qui s'étaient passés à Lyon et dans quelques communes voisines, le 8 juin, avaient été présentés au gouvernement comme le résultat d'une conspiration aussi vaste dans son plan que grave dans son objet et atroce par ses moyens. Il ne s'agissait de rien moins que de renverser le gouvernement, après avoir immolé les autorités et livré au meurtre et au pillage la demeure de tous les vrais royalistes. Des bandes nombreuses, disait-on, étaient partout organisées; des armes leur avaient été distribuées; des sommes considérables consacrées à leur solde; elles avaient des chefs audacieux et entreprenans, et ce n'était là qu'une des ramifications d'un plan immense qui n'embrassait pas seulement les départemens environnans, mais la France entière; qui se liait avec les mouvemens de Lisbonne, avec la révolution de Fernambouc.

Cependant on apprenait, par les rapports mêmes, que ces bandes nombreuses n'avaient paru nulle part.

Vingt gendarmes et quelques chasseurs des Pyrénées avaient suffi pour maintenir le calme ou pour le rétablir partout où il avait été un instant troublé; la ville de Lyon n'avait été témoin d'aucun mouvement, aucun membre du prétendu comité-directeur n'avait été arrêté; quelques malheureux paysans avaient été seuls surpris dans leurs villages, s'agitant sans chefs et sans but déterminé.

Le gouvernement dut s'étonner en comparant de pareils résultats avec les suppositions qu'on vient de lire sur l'importance, la réalité et les causes du mouvement. Ses doutes s'augmentèrent à l'arrivée des documens officiels envoyés par un fonctionnaire dont le dévouement à la cause royale avait été prouvé d'une manière éclatante dans des circonstances difficiles.

Mais ce témoignage isolé ne pouvait effacer les assertions unanimes des autres autorités. Celles-ci donnaient d'ailleurs chaque jour un nouveau poids à leurs accusations, en dénonçant de nouveaux complots, en se disant sur la trace d'autres conspirateurs, en multipliant les arrestations. La cour prévôtale venait encore jeter dans la balance le poids de ses arrêts sanguinaires; *le fatal tombereau* parcourait lentement les communes qui entourent Lyon; au moment même où la hache faisait tomber les têtes de quelques malheureux, elle menaçait les jours d'un plus grand nombre; des horreurs sans cesse renaissantes semblaient ainsi destinées à couvrir les traces des premières horreurs, et la vérité devenait à chaque instant plus difficile à découvrir.

Toutefois, au milieu des incertitudes où le jetaient des avis discordans, le gouvernement apprenait que le département du Rhône était livré à la plus grande terreur; que des soldats égarés traitaient les paisibles citoyens des campagnes comme les habitans d'une ville prise d'assaut; les agens des autorités leur livraient une guerre plus terrible encore; et il était à craindre que bientôt, lasse de sa résignation, la population, réellement révoltée, ne se fît elle-même justice de tous les excès dont elle était victime.

C'est au milieu de ces graves circonstances que le maréchal duc de Raguse a été envoyé dans les 7e. et 19e. divisions, avec les titres et les pouvoirs de lieutenant du Roi. Il arriva le 3 septembre à Lyon.

Il éprouva d'abord, pour connaître la vérité, les mêmes embarras qui avaient arrêté le gouvernement. Les principales autorités fournissaient des relations si uniformes : elles paraissaient encore si alarmées des dangers terribles qu'elles avaient conjurés, disaient-elles; elles citaient un si grand nombre de faits, se prévalaient de tant de révélations, se louaient si vivement de leur dévouement et de leur énergie, attaquaient enfin le témoignage et l'opinion du fonctionnaire qui s'élevait contre elles, par des imputations si graves en apparence, qu'il fallut croire un moment que la conspiration n'était que trop réelle; que la France leur devait des actions de grâces, et que tout le mal qu'elles avaient fait avait été un mal nécessaire.

Mais à mesure qu'il lui fut permis de sortir du cercle étroit dans lequel il avait été renfermé pendant les premiers jours; lorsqu'il eut donné accès auprès de lui à tout ce que Lyon offrait de citoyens respectables par leur fortune, leurs lumières, leur industrie, leur caractère ou leur conduite, la situation terrible de cette ville et les événemens qui l'y avaient plongée s'offrirent à lui sous un jour bien différent. Il s'imposa alors l'obligation de tout voir par lui-même : les nombreuses procédures de la cour prévôtale furent déroulées et examinées avec soin; tous ceux qui pouvaient donner des renseignemens utiles furent interrogés. Il ne tarda pas ainsi à se mettre au courant de ce qui se passait encore, à apprendre ce qui s'était fait avant son arrivée; et bientôt le rapprochement du présent et du passé présenta d'abord la pénible conviction que des ennemis du repos de la France, abusant sans doute de la faiblesse et de l'erreur des principaux chefs de l'autorité, s'étaient emparés du pouvoir, et qu'ils s'en servaient pour livrer à la plus étrange persécution tout ce qui ne partageait ni leurs principes ni leurs intérêts.

La ville de Lyon et les communes qui l'entourent avaient vu renaître pour elles le régime de 1793. Comme alors, les hommes qui avaient le pouvoir proclamaient que *la terreur seule* pouvait le faire respecter, et n'agissaient que trop bien en conséquence de ce principe; comme alors, la haine avait pris la place de la justice, et tous les moyens paraissaient légitimes pour écraser ceux qu'on regardait comme des ennemis. Dans ces derniers temps, on ne frappait les victimes qu'après les avoir trompées, et la violence n'était que le dernier terme des combinaisons les plus révoltantes.

Une foule d'agens parcouraient la ville et les campagnes, s'introduisaient dans les cabarets et jusque dans les maisons particulières, y prenaient le rôle d'un mécontent, exhalaient les plaintes les plus vives contre l'autorité, annonçaient des changemens, des révolutions; et s'ils arrachaient un signe d'approbation à de malheureux citoyens pressés par la misère, ou tourmentés par mille vexations, ils s'empressaient d'aller les dénoncer et recueillir le prix de leurs infâmes stratagèmes.

Les procédures de la cour prévôtale ont attesté l'emploi de ces moyens odieux, mais l'excès même avec lequel on s'y livrait les a bientôt rendus publics: chacune des autorités ayant ses moyens de police à part, à chaque instant ces vils instrumens se rencontraient sans se connaître, s'attaquaient avec une égale ardeur, et bientôt le moins diligent, dénoncé par l'autre, expiait un moment sous les verroux son infamie. Il fallait alors décliner sa mission : l'autorité intervenait pour réclamer son agent; le prisonnier disparaissait, et allait ailleurs chercher une nouvelle proie, ou préparer un nouveau scandale.

A l'aide de ces nombreux délateurs, les prisons regorgeaient de victimes entassées avec un tel désordre, que la lecture seule des registres d'écrou prouvait à quel point était porté le mépris des lois et de l'humanité : indépendamment de celles que la procédure ordinaire plaçait sous la main de la cour prévôtale, on voyait encore dans les caves de l'hôtel de ville, des centaines de malheureux, victimes de vaines terreurs ou de funestes conseils; et là, ces malheureux, privés de tous soins comme de tout secours, attendaient pendant des mois entiers la faveur d'être interrogés; et tel, qui ne l'a été qu'au bout de quatre-vingt-deux jours, a fini par être acquitté : l'arbitraire était porté dans toutes les parties de l'administration. Les autorités municipales prenaient des arrêtés contraires aux lois, et condamnaient à l'emprisonnement pour des faits qu'aucune loi ne considère comme des délits.

Un aussi funeste exemple ne pouvait manquer d'être suivi par les maires des communes rurales; aussi voyait-on plusieurs de ces fonctionnaires, oubliant leurs devoirs et méprisant toutes les lois, administrer leurs communes d'après leurs passions, imposer des amendes, des corvées, et tel d'entre eux, pour satisfaire sa haine, disposer des propriétés particulières, sur le plus vain prétexte, et par les insultes les plus graves exciter le mécontentement de ces administrés.

Lorsque des magistrats s'abandonnaient ainsi à leurs passions sans réserve et sans pudeur, il est facile de pressentir à quels excès se livraient ceux qui étaient appelés à exécuter leur ordres.

Des colonnes mobiles parcouraient les campagnes, imposaient arbitrairement telle commune à leur fournir, non pas seulement des vivres qui ne leur étaient pas dus, mais des effets d'habillement.

Des détachemens chargés de protéger de cruelles exécutions ont ajouté à l'horreur de ce spectacle, en insultant, en maltraitant les femmes et les enfans que la terreur n'avaient pas fait fuir de leur domicile, l'épouse qu'on venait de rendre veuve, la mère dont on venait de frapper l'enfant.

Et lorsqu'un cri d'indignation générale a forcé de livrer les coupables à la sévérité des lois, elles n'ont pu les atteindre, et c'est la terreur même qu'ils avaient répandue qui a assuré leur impunité (1).

Ce n'était pas seulement au milieu des campagnes que les lois, et l'humanité plus respectable encore, étaient foulées aux pieds par des hommes indignes de porter l'habit de soldat; au milieu même de la ville de Lyon, sous les yeux de leurs chefs, ils prodiguaient l'insulte et l'outrage.

Pendant notre séjour dans cette ville, un soldat,

---

(1) Le capitaine Darillon, qui commandait à Saint-Genis-Laval le détachement dont je viens de rappeler la conduite, acquitté par le conseil de guerre, était resté dans les rangs de son régiment, malgré les instantes demandes du corps d'officiers, et ce n'est que quelques jours après l'arrivée de M. le maréchal qu'on a obtenu son renvoi.

Condamné en l'an 11 comme parricide, le sieur Darillon s'était réfugié en Espagne, d'où il est rentré en France à la suite de l'armée anglaise en 1814.

placé en sentinelle près d'une prison, lâche son coup de fusil, à bout portant, sur un malheureux qui, à travers les barreaux de sa fenêtre, leur reprochait les attentats de Saint-Genis-Laval. Au bruit de l'explosion, la garde accourt, et, sans attendre l'ordre de son chef, fait feu sur les infortunés qui s'empressaient autour de leur camarade mourant. Deux sont blessés à ses côtés : l'officier du poste, traduit devant un conseil de guerre avec les soldats, a invoqué pour leur défense *l'usage* suivi jusqu'alors. *Jusqu'à présent*, disait-il, *on a tiré dans les prisons presque journellement*. Et cette horrible justification, qui n'eût dû servir qu'à livrer à la justice d'autres coupables, a suffi pour sauver ceux-ci (1). En vain les nombreuses irrégularités de ce jugement ont été dénoncées au conseil de révision : on n'en a retiré que la triste certitude que, dans l'état où se trouvaient les choses à Lyon, ce n'était plus la justice impartiale, mais l'aveugle et féroce esprit de parti qui départissait les peines et les absolutions, et nous verrons bientôt si les arrêts de la cour prévôtale étaient faits pour affaiblir cette conviction.

---

(1) En effet, on a appris que depuis six semaines la même chose était arrivée quatre fois, et qu'un détenu avait été tué roide à la prison de Roanne, sans qu'on eût fait aucune recherche.

Le jugement repose sur une prétendue consigne verbale que le lieutenant général commandant la division disait avoir retirée, et que plusieurs chefs de ce poste déclarent cependant avoir reçue.

Ici je néglige une foule de détails qui ajouteraient à l'horreur de la situation de cette malheureuse contrée, à l'époque de l'arrivée du maréchal. Je ne parle point des patrouilles commandées et volontaires parcourant la ville à chaque instant du jour et de la nuit, après avoir chargé publiquement leurs armes. Je ne dis pas que chaque jour, depuis un an, des visites domiciliaires, exécutées avec plus de brutalité qu'on ne peut en supposer, allaient répandre l'effroi dans les asiles les plus respectables, dans les familles les plus honorées. Je ne rends pas compte des circonstances du désarmement opéré; je ne dis pas que tel habitant, après avoir abandonné les armes qu'il avait réellement, était obligé d'en aller acheter un plus grand nombre pour les livrer encore, parce qu'il avait plu aux agens de l'autorité de fixer la quantité qu'il était présumé posséder. Je ne dis pas que la persécution contre les officiers à demi-solde avait été poussée à l'excès le plus inconcevable; que, dans certaines communes, ils avaient reçu l'ordre de déposer jusqu'à leurs épées; que nulle part ils ne pouvaient se présenter en uniforme, ni paraître au spectacle et au café plus de deux ensemble sans s'exposer à être insultés et dénoncés.

Il serait trop long aussi de raconter les destitutions pour causes d'opinion; de parler des femmes et des enfans jetés dans les cachots pour les forcer à indiquer l'asile de leur époux et de leur père.

Le tableau révoltant dont je viens de tracer une légère ébauche, devait bien faciliter l'explication des véritables causes de l'événement qui avait servi de prétexte à d'aussi terribles représailles. En voyant des magistrats se livrer tout entiers à l'esprit de persécution, dans un moment où le besoin de concilier et de ramener les cœurs se faisait si vivement sentir, n'était-il pas naturel de soupçonner ou leur témoignage ou leur jugement, à propos des faits sur lesquels la persécution était fondée?

L'examen de ces faits eux-mêmes vint bientôt renforcer ces soupçons. Je crois qu'il est difficile de les connaître et de douter encore.

Il est à remarquer qu'antérieurement au 8 juin, toutes les fois que des bruits de conspiration ont circulé, que des agitations sont devenues probables, des agens des autorités ont été arrêtés comme fauteurs de ces bruits ou de ces mouvemens.

Cette observation est justifiée par ce qui s'est passé à l'époque de la prétendue conspiration du 22 octobre 1816. Il fut alors constaté que le révélateur n'était autre chose qu'un agent de la police militaire, et qu'il avait lui-même organisé le complot par lui dénoncé.

Aux mois de novembre et de décembre, c'étaient encore des instrumens de la même autorité qui fomentaient des troubles.

Au mois de février, l'agitation devint plus sensible, parce que la misère sans cesse croissante de la classe des ouvriers les rendait plus susceptibles de recevoir les impressions funestes qu'on cherchait à leur faire prendre. C'est dès cette époque qu'on entendit parler d'enrôlemens secrets.

Le lieutenant de police fit alors arrêter plusieurs individus qui lui étaient signalés comme coupables de ces menées. Parmi eux se trouva le nommé *Brunet*, ancien facteur de la poste. Il ne nia pas la part qu'il avait prise aux enrôlemens ; mais il fut réclamé comme agent de la police militaire, et à ce titre mis en liberté.

Au mois de mai, ce fut le sieur *Cormeau*, capitain de l'ex-garde, qui fut pris en flagrant délit. Mais, comme le sieur Brunet, il déclara qu'il n'avait fait qu'exécuter les ordres de l'autorité supérieure.

Ce qui est remarquable, c'est qu'à chacune de ces époques, l'arrestation de ces divers agens ne manquait jamais d'être suivie d'un calme profond, comme pour mieux attester que l'agitation était leur ouvrage.

Nous voici arrivés au 8 juin. Je supprime une foule de détails, pour n'offrir ici que les faits les plus importans.

Voyons d'abord par quels effets s'est manifesté ce complot immense, qui devait ce jour-là éclater à la fois dans Lyon et dans toutes les communes environnantes ; entraîner sur cette ville la population presque entière des campagnes, armée et enrégimentée ; pour s'y réunir avec des bandes non moins nombreuses qui s'étaient déjà réparti les divers postes qu'il s'agissait d'enlever en plein jour, en bravant une garnison nombreuse et dévouée aux ordres de ses chefs.

Il est constant que Lyon n'a pas été témoin, le 8 juin, de la plus légère tentative. Pas un seul homme n'a été arrêté les armes à la main. Un ouvrier a été saisi à la barrière, se dirigeant hors de la ville, et portant des cartouches : mais cet homme a affirmé sur-le-champ que le sac qui les contenait à son insu venait de lui être confié, une minute auparavant, par un individu qui devait le reprendre une minute après ; mais la barrière par laquelle il sortait ne conduisait à aucune des communes en révolte ; et enfin, dans aucun cas, cette circonstance n'empêcherait de conclure que la ville est restée étrangère au mouvement dans lequel elle devait jouer un si grand rôle.

Qu'est-il arrivé dans les campagnes ? Des communes qui entourent Lyon, onze seulement ont entendu sonner le tocsin ; et sur ces onze quatre sont placées précisément à l'opposé des autres, et par conséquent à une distance qui ne leur permettrait ni de se réunir ni de se secourir mutuellement.

Et combien d'hommes croit-on que le tocsin ait rassemblés dans ces onze communes ? Deux cent cinquante en tout, parmi lesquels soixante seulement étaient bien ou mal armés, mais sans munitions, et dont un grand nombre est accouru avec des seaux, croyant être appelé à éteindre un incendie (1).

Cette faible troupe a-t-elle du moins cherché à

(1) Ceux de Milleri.

se réunir, et s'est-elle dirigée sur Lyon? Deux communes seulement ont vu quelques-uns de leurs habitans sortir du territoire; partout ailleurs on s'est tumultuairement assemblé dans l'intérieur des villages, pour se disperser après quelques cris séditieux et quelques voies de faits qui n'ont coûté la vie à personne.

Tous ces faits sont constatés par les procédures dirigées contre ces malheureux par la cour prévôtale.

Ce simple aperçu suffirait peut-être pour nous montrer cette prétendue conspiration comme la suite des combinaisons perfides, heureusement déjouées au mois d'octobre, au mois de novembre, au mois de février, au mois de mai précédent. Ne semblerait-il pas en effet que tout avait été disposé de manière à fournir un prétexte à la haine, un levier à l'ambition, sans faire cependant courir de danger réel aux spéculateurs?

Mais ces considérations déjà si puissantes ne prennent-elles pas plus de poids encore, lorsqu'on rapproche de ces faits quelques circonstances non moins remarquables; lorsque l'on considère que, d'après leur propre aveu, les autorités étaient instruites depuis plusieurs jours, et surtout dès le 7 juin, que le complot devait éclater le lendemain au soir; et cependant, ni le 7 juin, ni le 8 au matin, il n'a été pris de leur part aucune mesure pour prévenir le mouvement des campagnes :

Lorsqu'on trouve encore, parmi les plus ardens moteurs de l'émeute, des agens de l'autorité :

Lorsqu'on voit que le nommé *Brunet*, le même homme qui, arrêté au mois de février comme coupable d'enrôlemens séditieux, avait été mis en liberté en qualité d'agent de la police militaire, a été saisi de nouveau comme l'un des hommes qui avait prêché l'insurrection avec le plus d'audace; lorsqu'on sait que ce misérable, relâché bientôt après par un ordre du prévôt, arrêté de nouveau par celui du lieutenant de police, a été définitivement élargi d'après une déclaration écrite d'un adjudant de place, portant que Brunet n'a rien fait que par ses ordres :

Lorsqu'il est constant que presque tous ceux qui avaient affecté de se mettre à la tête du mouvement, ont disparu sans qu'on ait fait aucune démarche pour faire tomber sur eux les rigueurs dont on a accablé les malheureux paysans qu'ils avaient égarés ou trompés :

Lorsqu'on voit les événemens qui ont suivi le 8 juin, empreints du même caractère que ceux qui l'ont précédé.

Le gouvernement, on s'en souvient, averti par les rapports du lieutenant de police, avait manifesté quelques doutes sur les causes et l'importance du complot; si dès lors le calme eût subitement succédé au court orage qui venait de gronder pendant quelques heures dans quelques communes rurales, il eût été difficile d'échapper à la manifestation de la vérité. On sentit le besoin de le faire gronder encore pour convaincre de sa réalité, et il faut convenir qu'il y a lieu de s'étonner qu'une semblable conduite n'ait pas rendu ce département le théâtre d'une épouvantable catastrophe.

Si l'on se rappelle, en effet, les horreurs commises, les actes arbitraires, les vexations, les insultes dont on a accablé une population généreuse; si l'on fait attention que ces persécutions frappaient des hommes que la stagnation du commerce, que la misère, qu'une administration malfaisante excitaient au mécontentement; si l'on considère qu'avant l'arrivée du maréchal, ces hommes semblaient abandonnés par le gouvernement lui-même, mal instruit des faits, à la haine de leurs ennemis, et ne pouvoir attendre leur délivrance que de leur désespoir, pourrait-on assez admirer leur longanimité, assez louer le sacrifice généreux qu'ils ont fait pendant si long-temps de leurs trop justes ressentimens?

Eh bien, pour se faire une idée de cette admirable conduite, il faut connaître les piéges affreux qu'on a semés partout sous les pas de ceux dont on avait exaspéré les esprits.

Le moyen le plus fréquemment employé, et le plus dangereux sans doute, était d'indiquer des points de ralliement; de répandre le bruit d'une conspiration générale, de placer à sa tête des généraux renommés par leur bravoure, et par la haine qu'on leur suppose contre le gouvernement actuel.

Dès la fin du mois de juin, on entendait répéter

partout que les mécontens, désespérés de n'avoir pu se réunir le 8 juin, allaient tenter une nouvelle attaque. On annonçait surtout, pour un jour fixe, un mouvement à Tarare et dans les communes environnantes; les forêts voisines recélaient, disait-on, un grand nombre de révoltés : un agent du gouvernement, qui a visité cette forêt dans le plus grand détail, n'y a trouvé que deux mendians et un vagabond.

Un nommé *Fiévée*, dit *Champagne*, est arrêté comme l'un des provocateurs de ces troubles; il avoue qu'il a reçu une mission d'un particulier connu.

A l'instant les bruits cessent, et Tarare est tranquille.

Quelques jours après, des bruits plus intenses circulent dans la ville et dans les campagnes; c'est décidément le 25 août que les révolutionnaires ont assigné pour se livrer au massacre et au pillage, et renverser le gouvernement. Le nommé Blanc, arrêté au moment où il se rendait à Villefranche, pour y suivre des opérations, se déclare agent de l'autorité. Sur son carnet étaient inscrits comme conspirateurs dix-huit habitans des plus respectables de Villefranche, avec lesquels il prétendait avoir assisté à une réunion séditieuse; interrogé et confronté, il avoue qu'il n'en a vu aucun, et que ces noms lui ont été fournis chez un fonctionnaire public de cette ville.

Le bruit de la prétendue insurrection était tellement répandu, que la veille du jour fixé, plus de six mille habitans sortirent de Lyon pour fuir les dangers dont cette ville leur paraissait menacée.

Toutefois tout fut tranquille le 25 août comme les jours précédens. C'est peu de jours après que le maréchal duc de Raguse arriva à Lyon : il y a paru sans troupes; n'y a fait aucune menace, aucune démonstration militaire, et depuis lors non-seulement il n'y a pas eu le plus léger mouvement, mais aucun bruit alarmant n'a désormais circulé. Cette circonstance ne semble-t-elle pas faite pour achever de démontrer que le repos de cette contrée n'eût jamais été troublée, si l'autorité y avait été constamment entre les mains d'hommes capables de résister à toutes les tentations, à toutes les passions, pour veiller courageusement à l'exécution des lois, premier intérêt et première volonté du Roi?

Je n'ai pas parlé encore de tous les moyens employés pour essayer de tromper le gouvernement et la France, sur l'intensité du mal que l'on prétendait avoir arrêté, sur la gravité des dangers dont on se vantait d'avoir sauvé le royaume.

Il me reste à jeter un coup d'œil sur le plus déplorable, sur le plus odieux de tous ces moyens, parce qu'elle a entraîné des malheurs irréparables, parce que la justice elle-même en est devenue complice, et que des malheureux ont succombé dans le sanctuaire même où l'indépendance et les lumières des magistrats semblaient leur promettre et protection et justice.....

Il devenait essentiel pour ceux qui avaient proclamé l'existence d'un atroce et immense complot, que les malheureux de l'ignorance et de la misère desquels on avait abusé, fussent jugés avec la plus grande rigueur. La gravité des peines et le nombre des condamnés parurent un moyen puissant de faire croire à la gravité du crime et au grand nombre de coupables. Par une fatalité, que je ne cherche point à expliquer, la cour prévôtale n'a que trop bien servi cette odieuse combinaison.

On remarque d'abord le soin qu'elle a mis à diviser en onze procédures différentes, ce qui ne devait évidemment faire l'objet que d'une seule, d'après le propre système de l'accusation. En effet, bien que les mouvemens eussent eu lieu dans diverses communes, ils avaient éclaté le même jour et à la même heure, et dépendaient, disait-on, d'un seul et même complot.

Or cette division insolite et illégale n'a pas seulement eu l'effet de prolonger pendant quatre mois la terreur que devaient répandre l'instruction, les arrêts et les exécutions qui en étaient la suite; elle a encore fourni, pour augmenter le nombre des victimes, un prétexte qu'une seule et même procédure eût sans doute fait disparaître.

Vainement les auteurs du Code Pénal, cédant à un sentiment d'humanité et de justice, et aux leçons de la prudence, avaient prescrit de ne frapper, et même de ne poursuivre que *les auteurs* et *les chefs*, soit qu'il s'agisse *d'une association de malfaiteurs*, soit qu'il s'agisse de punir *un attroupement séditieux*. Art. 100, 267, 292.

Vainement ici les procédures elles-mêmes attestaient-elles que les auteurs ou directeurs vrais ou apparens du complot étaient contumaces; que les infortunés qui gémissaient aux pieds de la cour prévôtale n'étaient presque tous que de misérables paysans, qui s'étaient assemblés en tumulte au bruit du tocsin, et s'étaient dissipés, peu d'heures après s'être réunis, sans avoir reçu les armes qui leur avaient été promises, sans avoir vu les chefs qui devaient se mettre à leur tête, et enfin sans avoir fait la plus légère tentative pour exécuter le plan qu'on leur supposait.

La cour prévôtale, cédant sans doute à l'erreur, mais à l'erreur la plus cruelle et la plus déplorable, a fait passer sur la fatale sellette, à l'aide de ses onze procédures, cent cinquante-cinq accusés, dont cent vingt-deux présens; et dans ce nombre, le plus considérable peut-être qu'aucune procédure criminelle ait jamais traîné devant les tribunaux, chose horrible à dire, presqu'aucun n'a échappé à une peine plus ou moins grave. Vingt-huit ont été condamnés à la mort, six aux travaux forcés; trente-quatre à la déportation, quarante-deux à un emprisonnement plus ou moins long, et les autres soumis à une longue surveillance et à un cautionnement qu'ils sont hors d'état de fournir.

Ainsi, sur un attroupement qui n'a pas excédé deux cent cinquante hommes, et dont soixante seulement étaient armés, plus de cent dix auront été condamnés comme *auteurs* ou comme *chefs* de la sédition (1).

Et de tous ces malheureux, un seul a fait résistance à la force publique en blessant un gendarme qui allait le frapper. Tous les autres ont fui désarmés avant que quelques cavaliers envoyés à leur poursuite eussent eu le temps de les atteindre; et ceux qui, dans un premier moment de terreur, avaient cherché un refuge dans les bois, étaient sortis de cet asile, se fiant aux proclamations et aux promesses qui leur étaient faites par leurs maires et par leurs curés, d'un pardon généreux.

C'est dans ces circonstances, c'est au mépris de la double garantie qu'offraient à ces hommes égarés, et l'indulgence de la loi, et la parole de leurs magistrats et de leurs pasteurs, que cent cinquante familles sont plongées dans le deuil, dans la misère et dans la désolation.

Cet aperçu est révoltant sans doute. Il serait facile de le rendre plus révoltant encore, en offrant ici le tableau des irrégularités graves et nombreuses qui ont signalé et l'instruction et les arrêts. On eût dit que la justice et la loi indignées avaient refusé, dans cette circonstance, et leurs formes et leur langage. L'accusation, vaguement conçue, était toujours suivie d'une non moins vague condamnation. Souvent même la condamnation supposait un attentat dont l'accusa-

---

(1) Dans une seule commune, Amberieux, dix-neuf sont désignés comme ayant rempli des emplois.

tion n'avait pas parlé. En un mot, les arrêts ne ressemblaient que trop souvent à ces jugemens en *masse*, qui nous rappellent une si terrible époque, et dans lesquels le seul point important était qu'ils continssent le nom des victimes.

La douzième procédure n'était pas encore terminée lors de l'arrivée du maréchal dans la 19e. division. Celle-ci était destinée à faire justice des coupables qui pouvaient appartenir à la ville de Lyon.

L'instruction durait depuis quatre mois, et rien n'annonçait encore le jour du jugement. Le maréchal demanda les causes de ce retard extraordinaire et fâcheux : on ne put en donner de satisfaisantes. Il insista pour qu'il fût mis un terme à l'horrible agonie des malheureux que la hache menaçait encore, et à l'épouvante que la contrée entière éprouvait. Il l'obtint avec peine.

Le résultat a prouvé que la cour prévôtale n'avait pas épuisé ses rigueurs. Mais la procédure est venue confirmer ce qui était déjà si évident; que l'insurrection qui avait eu lieu ne tenait nullement à ce plan vaste et combiné qu'on avait supposé; qu'il n'y avait parmi les insurgés aucun but arrêté; les uns croyant s'armer pour rétablir Napoléon, d'autres pour le prince d'Orange, ceux-ci pour la république, ceux-là contre les étrangers; qu'il n'existait ni bandes organisées, ni dépôts d'armes, ni chefs connus, ni sommes distribuées (1); que les séditieux n'ont su qu'entre-

(1) Si ce n'est environ 1000 fr., sur lesquels le sieur Barbier, l'un des révélateurs, a réservé pour lui 821 fr.

prendre et n'ont rien entrepris : elle a prouvé enfin que l'insurrection était l'ouvrage de quelques misérables, ardens à compromettre par des bruits mensongers, par de fausses espérances et par des menées criminelles, tous ceux que leur faiblesse, leur mécontentement et leurs besoins rendaient plus susceptibles d'être leurs dupes.

Mais ce qui en résulte de plus remarquable encore, c'est l'indice des étranges moyens employés pour parvenir à ajouter au témoignage des espions le témoignage de quelques-unes de leurs malheureuses victimes.

Cinq accusés, Vernay, Coindre, Caffe, Gaudet et Geibel, avaient, dans leurs interrogatoires écrits, compromis diverses personnes; dans les débats ils ont désavoué, comme d'horribles mensonges, les déclarations qui les mettaient à l'abri de la justice et de la vengeance, et protesté qu'elles leur avaient été arrachées par des menaces atroces, par l'espérance que ces révélations les feraient acquitter; plusieurs même ont protesté qu'on avait écrit ce qu'ils n'avaient pas dit dans les interrogatoires subis à la mairie. L'un d'eux surtout, le nommé Vernay, qui, condamné à la peine de mort par contumace, avait été surpris dans son asile, et se trouvait réduit à lutter contre une première condamnation, épouvanté par sa position, par le sort de tant de malheureux, avait perdu la raison, et adopté aveuglément toutes les fables dont on avait cru avoir besoin pour donner quelque crédit au système d'accusation.

Arrivé devant la cour prévôtale, en présence d'un nombreux auditoire, ce malheureux balbutia d'abord quelques mots dans le sens de ses prétendues révélations; mais bientôt, cédant à ses remords et au cri de sa conscience, il ne veut plus d'un salut qui lui coûte un parjure, et, subissant l'inspiration que fait naître presque toujours une résolution généreuse, il s'écrie avec cet accent que le mensonge n'imite pas : « J'atteste ce Christ, qui est devant « mes yeux, que ce que j'ai dit n'est pas la vérité; « on m'y a forcé par les plus terribles menaces; je « vous eusse accusé vous-même, monsieur le pré- « sident, si on l'eût exigé. Me voilà à votre dispo- « sition; vous pouvez me faire mourir, je le sais, « mais j'aime mieux mourir sans honte et sans re- « mords, que de vivre déshonoré par le mensonge « et la calomnie : quand vous voudrez, je suis « prêt. »

Nous autres spectateurs de ce débat, nous nous souviendrons long-temps de la profonde émotion que fit naître ce désaveu noble et touchant. Il ne désarma point les juges de Vernay : ils condamnèrent ce malheureux au dernier supplice, pour n'avoir pas persisté dans sa prétendue révélation. A côté de lui, Barbier, Volosan et Biternay, qui s'avouaient chefs du complot, furent acquittés comme révélateurs.

Je me hâte d'ajouter que la cour prévôtale, sans doute subjuguée elle-même par cette scène touchante, crut devoir surseoir à l'exécution de son arrêt, et que Vernay a sur-le-champ obtenu sa grâce.

Ici se terminent enfin les opérations de la cour prévôtale, relatives aux événemens du 8 juin. En parcourant cette esquisse rapide, le lecteur ne verra que trop bien que les actes de l'autorité judiciaire ne sont pas faits pour changer ou affaiblir l'opinion qu'on a recueillie de l'examen des faits; il peut connaître maintenant la nature des événemens dont la France a été un instant la dupe, et le département du Rhône la déplorable victime.

Après avoir essayé de donner une idée des malheurs qui ont accablé cette contrée, de l'état de trouble et d'angoisse dans lequel elle était plongée, il me reste à dire ce qui a été fait pour arrêter le mal, et prévenir celui qui était encore à craindre.

Les premiers soins du maréchal ont été de faire cesser l'arbitraire, et de rendre aux lois la force qu'elles avaient perdue, de faire tous ces efforts pour rapprocher ce qu'on avait affecté d'isoler, calmer les esprits qu'on avait exaspérés, former des réunions faites pour représenter la ville et non une faction, rendre à tous une justice égale, tendre aux malheureux une main secourable.

Il a fallu ensuite inspirer aux persécuteurs une crainte utile, donner quelque satisfaction aux persécutés; pour cela, huit maires ont été suspendus de leurs fonctions (1), et six officiers ont été renvoyés. Le gouvernement a sanctionné ces mesures. Les maires ont été définitivement révoqués (2), et les six officiers renvoyés dans leurs foyers.

Il n'en a pas coûté davantage pour rétablir le calme; de nouvelles autorités le maintiennent, et se feront bénir par une population paisible.

Si j'ai présenté un triste tableau, pour consoler les lecteurs, je leur dirai qu'aussitôt que la vérité a été connue du Roi, sa sagesse et sa clémence sont venues réparer tout le mal qui pouvait l'être encore (3); ainsi les Lyonnais ne se trompaient pas, lorsqu'au

---

(1) Deux de ceux qui ont signé la pétition adressée à la chambre des députés avaient chacun deux mairies à la fois. On leur a laissé celle des communes où ils avaient leur résidence; le troisième réside à Lyon, où son état de médecin le fixe toute l'année.

(2) On a feint de craindre une réaction dangereuse pour ces maires révoqués. Deux rapports officiels ont été demandés sur cet objet; tous deux ont prouvé que les craintes étaient mal fondées. Les lois protégent ces messieurs, comme elles auraient dû protéger leurs administrés.

(3) Tous les condamnés à moins de cinq ans ont eu leur grâce entière; ceux à plus de cinq ans ont été remis à un an; ceux à la déportation à trois ans, ainsi que ceux condamnés aux travaux forcés; la peine de Vernay a été commuée en dix ans de prison.

Toutes les amendes ont été remises, et c'est un bienfait qui touche plus de cinq cents individus.

milieu de leurs souffrances ils répétaient : Ah ! le Roi ne le sait pas ! Heureuse, en effet, la France, si tous ceux à qui Sa Majesté confie son pouvoir, n'avaient d'autre guide, dans l'usage qu'ils en font, que les lumières et la bonté qui brillent sur le trône.

Grâces à sa sollicitude paternelle, Lyon respire enfin après de si longs orages, de si cruels tourmens; le calme reparaît, la confiance renaît, l'industrie reprend quelque activité; et, si ses habitans souffrent encore, s'ils partagent avec le reste de la France les privations que de si grands malheurs ont imposées à tous, s'ils éprouvent plus que d'autres les maux qui suivent la stagnation momentanée du commerce; comme tous les Français, ils sentent que la résignation est un besoin aussi bien qu'un devoir, et ils attendent de la protection du gouvernement, d'une saison moins cruelle et de la marche des événemens, un avenir plus prospère.

S'il est vrai que ce nouvel ordre de choses dérange quelques ambitions particulières, peut-être même quelques projets de la malveillance, il conviendra du moins à ceux qui aiment sincèrement leur patrie et l'humanité.

Quand on a concouru de tous ses moyens à un aussi heureux résultat, on peut, certes, dédaigner de répondre à de vils pamphlétaires, à des orateurs inconsidérés. On peut dire, appuyé sur sa conscience, que ce sont d'honorables injures que celles qu'on reçoit pour avoir fait du bien à son pays; la haine des méchans n'effraie que les faibles, et le caractère du duc de Raguse garantit qu'il n'hésitera pas à la braver quand il s'agira pour lui d'acquérir quelques droits de plus à l'estime des gens de bien.

Je suis loin d'avoir tout dit, mais je ne m'étais pas proposé davantage.

Paris, le 30 janvier 1818.

Le colonel FABVIER.

DE L'IMPRIMERIE DE FAIN, PLACE DE L'ODÉON.

LYON

EN

MIL HUIT CENT DIX-SEPT.

SECONDE PARTIE.

LYON

EN

MIL HUIT CENT DIX-SEPT;

PAR LE COLONEL FABVIER,

Ayant fait les fonctions de Chef de l'État-Major du Lieutenant du Roi, dans les 7e et 19e divisions militaires.

SECONDE PARTIE.

A PARIS,

CHEZ CAREZ, THOMINE et FORTIC, Libraires, rue Saint-André-des-Arcs, n° 59.

1818.

LYON

EN

MIL HUIT CENT DIX-SEPT.

J'AI publié, il y a quelque temps, mon opinion sur une partie des événemens qui se sont passés en 1817, dans le département du Rhône : cet écrit a été le signal d'une foule de discours et d'ouvrages véhémens, d'hommes, pour la plupart étrangers aux événemens et aux localités. C'est avec peine que j'ai vu quelques députés de la nation se livrer aussi aux passions d'un parti. Cependant ils demandent comme moi la vérité, et cela seul me fait pardonner bien facilement aux expressions peu mesurées dont ils se sont servis. Parmi eux M. Crignon d'Auzoër s'est montré le premier et le plus mal instruit. Je ne puis résister au désir de lui montrer, par un exemple, combien il faut se défier des rapports qu'on reçoit. J'étais à quatre pas de lui ; il a pris des renseignemens sur mon compte : ils lui ont appris que j'ai servi dans les troupes légères ; que je suis aide de camp du maréchal duc de Raguse, et son commensal. Eh bien, je n'ai jamais servi dans les troupes légères, mais bien dans l'artillerie. Il y a cinq ans qu'ayant été nommé adjudant-commandant, je ne suis plus aide de camp du duc de Raguse, et pas plus son commensal qu'il ne l'est lui-même du ministre de la guerre; je reçois de lui des ordres en matière de service: hors de là, il n'y a qu'estime de sa part, respect et attachement de la mienne.

Si M. Crignon d'Auzoër a été si mal informé de faits aussi simples, aussi indifférens, comment a-t-il pu, et de si loin, et à travers tant de nuages, savoir à qui il fallait distribuer *des couronnes*, le blâme et les récompenses?

Si je m'efforce de penser que l'impossibilité de croire au mal, le désir de la vérité ont engagé quelques personnes à sortir de la modération qui convient si bien à la tribune nationale, je ne puis concevoir que des hommes chargés de l'administration de mon pays, sachant mieux que moi ce qui s'y passe, aient cru de leur politique de tenir le même langage. Ce ne sont point des querelles particulières, des dissensions qui nous agitent, des passions haineuses qui m'occupent; ce que je désire, c'est le repos de mon pays. C'est surtout la garantie contre le retour des horreurs dont nous sortons à peine. Niera-t-on que chaque jour encore on tend de nouveaux piéges? Niera-t-on que tout récemment encore les autorités actuelles de ce même département du Rhône ont fait arrêter des agens provocateurs?

Quoiqu'en général chacun sentît la nécessité d'un développement à mon premier aperçu, j'ai reçu un grand nombre de témoignages de satisfaction de la part de mes concitoyens, dès qu'ils ont pu lire dans plusieurs réponses des aveux graves, des contradictions fréquentes, des mots insultans de la part d'un homme qui n'a le droit d'en adresser à aucun être vivant sur la terre.

Aussitôt que les réponses des autorités ont paru, je me suis mis en devoir de présenter au public les faits sur lesquels reposait ma conviction. Je n'aurais pas été arrêté par la défense que j'ai reçue de me servir des matériaux confiés par le ministère au lieutenant du Roi. Quoique privé d'une partie de mes moyens, je n'en aurais pas moins satisfait à l'attente générale (1).

J'ai dû renoncer à ce projet, quand j'ai vu M. de Sainneville publier une lettre du 19 mars, par laquelle il annonçait qu'il allait faire connaître les auteurs des déplorables événemens qui nous occupent. Dès lors mon but s'est trouvé rempli; car, que demandai-je autre chose que la vérité?

J'ai donc dû céder la place à M. de Sainneville. Les fonctions qu'il avait remplies pendant long-temps lui donnaient une parfaite connaissance des choses; étant attaqué personnellement, rien ne pouvait le priver de ses moyens.

Le sacrifice que j'ai fait a été pénible et plus long

---

(1) Je dois obéissance et le plus profond respect à cette défense; mais il est de mon devoir de déclarer qu'elle est entre mes mains.

que je ne m'y étais attendu! J'en recueille le fruit aujourd'hui. Je ne sais si ce que quelques personnes ont appelé scandale, produira cet effet naturel et légitime, d'attirer le châtiment sur la tête des coupables; mais je suis certain du moins, que désormais on sera moins hardi dans ces abominables intrigues, par la crainte de rencontrer des hommes assez courageux pour les signaler.

Il me reste maintenant à m'occuper de quelques faits que ma position m'a permis de connaître, et qui n'ont pu trouver place dans l'ouvrage de M. de Sainneville. Je tiens à prouver que non-seulement dans l'objet principal, mais encore dans les accessoires, je n'ai rien avancé qui ne soit conforme à la plus exacte vérité.

En me voyant reprendre la plume, on ne sera pas surpris, j'espère, si je m'occupe de repousser quelques attaques personnelles; je ne descendrai assurément pas jusqu'aux anonimes; je répondrai aux objections, non aux injures. Je rougis déjà assez qu'on puisse lire mon nom à côté de celui du général Canuel.

On s'étonne que, du grade que j'occupe, je ne craigne pas d'élever la voix; je ne sais, mais si je juge de ce grade par les travaux qu'il m'a coûté; si je me rappelle que, pour l'atteindre, il m'a fallu escalader les rochers de Diernstein, les redoutes de la Moscowa, traverser bien des fois le Tage, le Danube, le Dnieper et l'Euphrate, et verser plus d'une fois mon sang, il n'est pas sans quelque importance.

Je sais que d'autres sont arrivés plus loin en moins de temps, par des chemins plus fleuris ; je ne les envie pas. Nous autres soldats, nous avons appris à n'estimer les grades que qnand la gloire les accompagne.

On demande quel était mon mandat : je suis homme et citoyen. En prenant l'habit militaire, je savais que je contractais quelques devoirs de plus ; mais aucune loi ne m'a appris que j'avais perdu un de mes droits.

On a demandé quels étaient mes motifs, mon but : je l'ai dit ; je suis indigné de voir mon pays en proie à la discorde, et cela, pour les passions et les intérêts de quelques individus ; de le voir présenter au monde, qui l'a admiré si long-temps, comme un foyer de troubles éternels ; de penser que ces troubles si peu réels, et dont on fait tant de bruit, peuvent servir de prétexte pour appesantir encore le fardeau qui nous accable ; et le plus grand de tous ces maux, à mes yeux, serait de faire que le Roi pût hésiter à se confier au peuple français.

Quant aux motifs d'intérêt personnel, je ne suis pas assez jeune pour ignorer que ce que je fais n'est et ne sera jamais un moyen de faveur.

On a dit que j'avais manqué au Gouvernement. Je sais que le Roi veut connaître la vérité, et que la France la connaisse comme lui ; qu'il la considère comme le meilleur moyen de gouvernement. Je le sais, puisque je trouve la liberté de la presse dans la Charte constitutionnelle : après cela, qui, sur la terre, a le droit de nous dire : La vérité ne vaut rien; vous ne la direz pas, vous ne la saurez pas ?

Des hommes habitués à un régime qui n'a jeté que de trop profondes racines, prétendent que le premier devoir d'un militaire est l'obéissance passive. Je connais mes devoirs sans avoir recours aux conseils de personne. Cette obéissance passive, je la rends devant l'ennemi tout aussi-bien qu'un autre; mais ailleurs, je suis citoyen; je vis dans une monarchie constitutionnelle; sous un gouvernement représentatif, où je sais que le premier des devoirs est que chacun veille au salut de tous.

On m'a appelé jacobin, bonapartiste; c'est l'usage.

Pourquoi serai-je un jacobin, et comment mes parens, si long-temps emprisonnés et menacés par la hache de 93, m'auraient-ils appris à aimer la terreur?

Suis-je un bonapartiste? mon premier acte public a été de signer *non* à l'école de Metz, quand le premier Consul a été nommé Empereur. Lors de son funeste retour, j'ai refusé le serment de fidélité, les emplois brillans qu'on m'a offerts : ceux qui me blâment sont-ils tous dans ce cas? Je me suis retiré dans mon département. Quand les étrangers ont paru sur notre frontière, j'y suis accouru. La terre qu'ils ravageaient ne m'a-t-elle pas nourri; les hommes qu'ils menaçaient ne sont-ils pas mes frères? Je me suis battu contre les Russes le 15 juillet; on m'a dénoncé. Le drapeau blanc qui flottait sur les murs de Longwy et de Montmédi faisait-il taire les batteries ennemies, et nos braves gardes nationales regardaient-elles, pour défendre ces villes, de quelle couleur était le drapeau qui voulait dire France ?

J'aime mon pays, et le Roi constitutionnel qui veut le rendre heureux. Je sais que si on respecte la Charte, qui est son ouvrage, notre nation, avec ses vertus et son génie, arrivera à un degré de prospérité qui nous fera oublier tous nos maux.

On a cherché à donner une interprétation ou fausse ou exagérée à mes paroles. Par exemple, on feint de croire que j'ai accusé *les autorités du département du Rhône de s'être réunies pour tramer une conspiration ; se faire un mérite aux yeux du gouvernement de l'avoir comprimé, etc., etc.*

J'ai dit et je répéterai au ciel et à la terre que des ennemis du repos de la France ont employé des moyens odieux pour créer des troubles ou des apparences de troubles, auxquelles ils ont voulu donner une importance et une étendue qu'ils n'avaient pas ; qu'ils ont trouvé quelques dupes par plusieurs causes, parmi lesquelles il faut compter l'*administration malfaisante ;* j'ai dit qu'on a trouvé des instrumens de ces hideuses trames, dans des agens même des autorités ; qu'une fois l'affaire engagée, les passions en foule ont assiégé et envahi ces autorités ; qu'on a *abusé de leur erreur et de leur faiblesse ;* qu'elles ont cédé *à de vaines terreurs, à de funestes conseils*,

Que, dans cette route, quand on a pour escorte la vanité et l'ambition, on s'arrête difficilement; que, quand on se réveille, on voudrait épaissir le voile qui couvre tant d'horreurs!

J'ai dit enfin que les tribunaux eux-mêmes n'ont pu résister aux vagues furieuses des passions qui les ont assaillis.

Maintenant, après avoir lu l'ouvrage de M. de Sainneville, qu'on me dise si j'ai porté des accusations trop graves.

Je conseille à M. de Chabrol de ne pas insister pour supporter sa part de la responsabilité : on ne le voudra pas; on aimera mieux croire qu'il a été faible et entraîné; que, constamment relégué au fond de son cabinet, il a dû ignorer le mal qui se faisait sous son autorité, et qu'un peu de surveillance aurait arrêté.

Je dirai aux indiscrets amis de M. de Fargues, qui me forcent à parler encore de lui, que ce n'était pas la première fois qu'il cédait *à de vaines terreurs, à de funestes conseils*. Certes, le sacrifice qu'il croyait avoir fait en 1815 en est un terrible exemple; l'homme qu'il encensait dans sa proclamation du 11 mars (p. 1.) avait, pour notre malheur à tous, trop de jugement pour ne ménager la ville de Lyon qu'à la considération de son maire; il savait bien que le moindre désordre, une goutte de sang versée, faisait tomber le masque qui facilitait sa marche. Une proclamation du maire royal de la seconde ville du royaume, faite en sa faveur, était le plus puissant secours qu'il pût recevoir; son premier effet a été de décider le triste événement de Lons-le-Saunier, et ses déplorables suites : qu'aurait-on dit de M. de Fargues, si l'attentat du 20 mars n'avait pas été consommé? Je ne dis pas ceci pour porter un blâme trop rigoureux, je sais combien il faut passer à la faiblesse; mais pourquoi ce qu'on excuse chez les uns est-il impardonnable chez les autres? Pourquoi conserver ces dénominations de *fédérés*, d'*hommes des cent jours*; et expulser, des emplois inférieurs, tant de malheureux qu'on a entraînés par son exemple; renvoyer d'une garde nationale qui, dans des circonstances difficiles, avait montré tant de dévouement à la patrie et de zèle pour le maintien de l'ordre, la plus grande partie de ses chefs, une grande partie de ses membres, pour les remplacer par des hommes dont beaucoup n'ont aucun droit à ces honorables fonctions?

Je demande s'il a résisté aux passions, ce tribunal dont le procureur du Roi a pu prononcer les paroles suivantes, dans l'acte d'accusation d'un enfant de seize ans et demi, sans pénétrer les juges d'indignation?

—*Pierre Dumont appartient d'ailleurs à une famille exécrable, c'est de quoi nous sommes informés en termes positifs par les autorités locales : son affreuse perversité est sans doute le fruit des exemples que ses parens lui donnèrent, et l'application de la loi qui le frappe préviendra de nouveaux crimes qu'il ne manquerait pas de commettre* (1).

Une triste expérience ne nous a que trop fait voir combien il est difficile de se tenir dans la ligne de la justice, quand on a à juger des hommes que de funestes dissensions font considérer comme ennemis. Les passions aident à la conviction, et les premiers pas faits, on va loin; on se sert de la balance pour frapper, non pour peser; on emploie un tribunal comme on se servirait d'un régiment pour abattre ses ennemis.

On a prétendu que j'avais offensé les chefs des corps de la garnison de Lyon; voici ce que j'ai dit : *Ce n'était pas seulement dans les campagnes que les lois et l'humanité, plus respectables encore, étaient foulés aux pieds par des hommes indignes de porter l'habit de soldat : au milieu même de la ville de Lyon, sous les yeux de leurs chefs, ils prodiguaient l'insulte et l'outrage.*

Plusieurs personnes ont donné à ce passage une interprétation étrangère à mon intention : par le mot *chefs*, on a voulu entendre les *chefs des corps*; chacun sait cependant que, dans une place, ces chefs n'ont d'autorité que dans l'intérieur de leurs corps.

---

(1) Extrait des conclusions du procureur du Roi près la cour prévôtale, imprimées à Lyon, par son ordre.

La veuve Dumont a demandé à être autorisée à poursuivre en calomnie M. le procureur du Roi ou les autorités locales; on ne lui a pas répondu.

Il a suffi que quelques personnes aient pu y trouver ou feindre d'y trouver ce sens erroné, pour que j'aie cru de mon devoir d'y donner une explication : je mets à la suite (p. 2) les lettres écrites à ce sujet. Ces messieurs avaient trouvé convenable d'attendre de moi la publication de ma lettre à M. de la Besse ; ils ont même eu l'attention de me faire témoigner leur regret de ce qu'on leur en avait dérobé une copie pour l'imprimer à leur insçu. Je conçois que la chose leur soit désagréable : pour moi, qui désirais donner la plus grande publicité à cet éclaircissement, plus nécessaire à ma satisfaction qu'à la leur même, je me borne à dire que quand un faquin, couvert par l'anonime, publie mes lettres sans y être autorisé par ceux à qui je les adresse, il est assez naturel qu'il ne les transcrive pas fidèlement, et qu'il feigne de confondre le regret que j'éprouve d'avoir écrit une phrase qui peut paraître équivoque, quand il s'agit de mes camarades, avec celui d'une action dont je m'honorerais devant toutes les puissances de la terre (1).

Du reste, j'ai beaucoup entendu parler de provocation ; je n'en ai reçu aucune, et cependant ceux qui auraient pu vouloir m'en adresser pouvaient connaître ma demeure aussi facilement que tant de

(1) Une lettre de M. de Castel-Bajac et ma réponse ont été publiées récemment ; elles sont toutes deux altérées. Je n'ai pas besoin d'écrire à ce colonel pour savoir qu'il n'est pas capable d'une pareille action.

personnes inconnues jusqu'ici pour moi, qui sont venues généreusement m'offrir leur appui.

On m'a accusé d'avoir abusé de la confiance de M. le maréchal duc de Raguse, puisque ce n'est qu'à la faveur de ma position que j'ai pu connaître les événemens dont j'ai parlé.

Je suis autorisé par M. le duc de Raguse à déclarer qu'il a bien voulu me confier les papiers dont j'avais besoin pour l'usage que j'en ai fait et celui que je dois encore en faire. Je suis également autorisé de sa part à dire à M. de Chabrol, qu'il a rendu compte au Gouvernement de l'opinion que sa mission l'a mis à portée de se faire sur ces événemens; et j'ajouterai qu'envoyé en mission à Paris, peu avant le retour de M. le Maréchal, j'ai dit *aux Ministres qui ont voulu m'entendre*, ce que j'ai écrit depuis; seulement je l'ai dit avec plus de chaleur.

On m'a accusé d'avoir nié l'évidence, en traitant de contes absurdes tous ces immenses plans de conspiration qui ont servi de prétexte à tant de malheurs; on a dit que la France était persuadée de leur réalité.

En parlant de la malheureuse contrée qui nous occupe, je ne crains pas que le reste de la France me démente.

On publiait après le 8 juin, avec plus de chaleur que jamais, que cet attentat, si heureusement comprimé, n'était qu'un accident du plan général créé par les révolutionnaires : son centre, placé à Paris, avait un comité dont chacun désignait les membres d'après ses propres passions, en conservant toujours pour noyau quelques hommes connus : la France entière était parcourue par leurs agens, et je ne me serais pas permis de citer Lisbonne et Fernambouc, si je ne savais que celui dont les rapports devaient avoir le plus de poids, prétendait que les agitations de ces contrées éloignées dépendaient du même plan que celles du département du Rhône.

L'autorité militaire devançait toutes les autres en imagination : aussi vit-on toute la France parcourue par des commissaires spéciaux allant voir les choses sur les lieux. Plusieurs fois on envoya fouiller le pays de Vaud, que des *renseignemens officieux* présentaient comme le foyer, le quartier général des malveillans : on n'y trouva ni Joseph, ni Lucien, ni Carnot, ni Lallemand, ni tant d'autres que des *gens dignes de foi* avaient vus. On fut plus heureux pour quelques généraux ou officiers supérieurs qui, retirés paisiblement chez eux, durent à un nom plus ou moins sonore de se trouver compris dans un plan de conspiration ; quelques-uns perdirent momentanément la liberté : on finit cependant par ouvrir les yeux, et, sans manquer à la prudence, on put se donner un peu plus de temps pour examiner. Les donneurs d'avis ne se relâchèrent pas : des circulaires prescrivirent la plus grande surveillance du côté de la Suisse, d'où les armes et les conjurés s'insinuaient, disait-on, par le Doubs et le Jura ; de même pour l'Ain et les Hautes-Alpes : toutes les recherches concertées à ce sujet avec les États voisins demeurèrent sans résultat.

Dans les Vosges, le Bas-Rhin, la Meurthe, on faisait des rapports du même genre ; on tentait, mais en vain, de créer des troubles.

Un certain Benoïet, ex-officier, était un des principaux révélateurs de la 19e division militaire : il avait présenté un tableau vaste et alarmant ; il avait *vu* dans les réunions séditieuses, dans des lieux qu'il indiquait, les généraux Simmers, Maransin, Jacquemard, etc., etc. : ils avaient des cartes d'association, des magasins de tout genre, etc. Cet homme était appuyé dans ses rapports par des déclarations de gens de sa trempe : forcé de s'expliquer plus positivement qu'il n'avait pensé d'abord, il avoue qu'il n'a vu personne. Cet homme est demeuré impuni, et son plan nous est encore présenté comme s'il n'avait pas été reconnu faux.

Un nommé Bonnafous, capitaine en non activité, faisait le même métier à Grenoble ; et il est intéressant de remarquer que ces divers rapports, dont la fausseté a été constatée depuis, coïncidaient alors.

M. le général Canuel assurait que les officiers en non activité du département du Rhône étaient en correspondance avec ceux de l'Isère. Si la chose est vraie pour un très-petit nombre, il fallait ajouter que c'était par l'intermédiaire de M. Bonnafous, envoyé en mission secrète de Grenoble à Lyon (1).

---

(1) Le Gouvernement possède les déclarations qui ont rapport à cette mission.

M. de Chabrol dit, dans ses lettres des 4 et 5 juin, *que la concordance des bruits alarmans prouve qu'ils ont été répandus par des gens à qui leur leçon a été faite ; que le lieutenant général reçoit les nouvelles d'un mouvement insurrectionnel, manifesté le même jour à Pont-le-Château, Lezouf et Thiers, département du Puy-de-Dôme*. Il est assez à propos de donner ici un extrait de la lettre du préfet de ce département, à M. le maréchal duc de Raguse.

Clermont-Ferrand, le 8 septembre 1817.

« Quelle que soit la couleur qu'on ait voulu
« donner aux mouvemens qui ont eu lieu à Thiers,
« je n'en suis pas moins autorisé à garantir à Votre
« Excellence que mes administrés sont en général
« dans les meilleures dispositions.

« L'imputation long-temps soutenue, je ne sais
« par quel motif, que cette révolte de Thiers avait
« un but politique, et qu'elle se rattachait aux
« événemens de Lyon, a été examinée avec soin
« par des employés de la police générale, et elle
« est restée sans fondement, parce que les faits l'ont
« hautement démentie. Indépendamment de mes ob-
« servations particulières, j'ai recueilli sur les anté-
« cédens de cette affaire, sur tout ce qui s'est passé
« dans le moment où l'insurrection a éclaté, et sur
« ses conséquences, les rapports de toutes les auto-
« rités. La cour prévôtale a fait sur les lieux une

« longue et soigneuse information; elle a rendu des
« arrêts motivés; et de tous ces actes de l'administration civile et judiciaire, il n'est résulté ni préméditation par correspondance, ni cris séditieux, « ni implication de personnes un peu marquantes.

« *Le préfet du Puy-de-Dôme.*

« *Signé* DE RIGNY. »

Le préfet du Cantal rend le compte le plus satisfaisant de son département. « J'ai recueilli partout, « dit il, l'expression de l'attachement de la population au Roi, à sa famille, à la Charte constitutionnelle.

« On trouve aujourd'hui, et même en bon nombre, jusque dans les moindres villages, les hommes qui, non pas seulement sur la foi d'autrui, « mais ensuite de leurs propres réflexions, de leur « conviction intime, apprécient très-bien nos nouvelles institutions, y voient à la fois de dignes « garanties, la stabilité du trône, la gloire et la « force de la France, et qui rendent du fond de » leur cœur hommage à la sagesse, à la bonté, à « la justice du Gouvernement royal. »

Dans la Loire, de bons Français s'opposent à des menées criminelles; les Benoïet, etc., sont démasqués; on continue à parler de ces prétendus troubles, et le département est tranquille.

M. de Chabrol recevait des rapports de diverses sources ; il avoue qu'il a été, plus d'une fois, trompé par ses agens. Il a cru bien faire de jeter un voile sur ses fautes ; mais est-il bien certain que ces signes de révolte, distribués dans quelques communes, le 8 juin, n'y sont pas arrivés de la même manière que ceux que depuis on a éventés à Tarare et à Villefranche ? ce sont les mêmes hommes, les mêmes circonstances. Je suis de *bonne foi*, et je déclare que, si un agent sous mes ordres commettait un pareil crime, je n'aurais pas de repos qu'il ne fût puni exemplairement.

Certes, je suis loin de croire M. de Chabrol capable d'avoir dirigé Blanc et plusieurs autres dans les opérations au milieu desquelles ils ont été surpris ; mais croit-il ne faire aucun tort à sa cause, lorsqu'il prostitue son talent pour défendre celle d'un aussi misérable instrument ? *Il était*, dit-il, *très-propre à ces sortes d'opérations.* De quelles opérations veut parler M. le comte ? de celles auxquelles cet homme s'est livré ? oui sans doute : il était propre à créer d'odieuses inventions ; à prêter à la calomnie une main complaisante ; à compromettre les victimes désignées par l'esprit de parti ; à effrayer, à tromper l'autorité ; à l'armer contre des citoyens tranquilles ; mais je demanderais aussi : les agens de l'autorité sont-ils donc destinés à cet horrible ministère ? Lorsque M. Canning, avec qui M. de Chabrol se félicite de s'être rencontré, a cherché à justifier son gouvernement d'avoir employé l'infâme Olivier, il ne repoussait que le reproche d'avoir choisi cet instrument parmi la plus vile *canaille*; il n'était pas réduit à avouer ses infâmes services, les impostures, les provocations criminelles dont ce misérable était accusé! Et où en serions-nous, grand Dieu! si l'emploi de pareils moyens pouvait être proclamé légitime, sous prétexte qu'il est dirigé contre les ennemis de l'État? Où en sommes-nous, si on peut se dire excusable d'avoir fait éclore le mal qu'il s'agit d'éviter; si les malveillans sont poussés dans l'abîme par ceux-là même qui sont chargés de les retenir au bord du précipice? que faudrait-il penser des progrès de la civilisation, s'ils nous avaient conduits à cet odieux système?

Eh quoi! on condamnera le malheureux paysan pour un instant d'erreur ou de crédulité; on désolera une contrée entière, et on jettera des voiles sur de pareilles manœuvres?

On aura trouvé un militaire faisant fabriquer, par ordre *supérieur*, un aigle destiné à être porté dans les campagnes: la déposition existe, et on ne saura pas même qui a donné les vingt francs qu'il a coûté; et lorsqu'indigné je me serai permis un cri d'horreur, on me dira que c'est moi qui ai manqué *de pudeur et de moralité?*

M. de Chabrol reconnaît la police officieuse comme plus zélée qu'éclairée. Je me rappelle, à propos de cela, que la veille du départ du maréchal duc de Raguse, pour Lyon, un particulier, qui se trouvait à Paris pour solliciter une pension, se présente à lui, lui disant : « Monsieur le Maréchal, je suis un des « plus fort imposés du département du Rhône : des « affaires qui me retiennent ici me priveront de « l'honneur de vous recevoir chez moi ; mais (en « lui remettant un cahier) j'ai voulu vous présenter « la liste des personnes à surveiller. » Plusieurs ont montré la même obligeance : c'est, je crois, ce qu'on nomme des *renseignemens officieux*. Lorsque l'ennemi couvrait notre territoire, ces mêmes hommes présentaient aux généraux étrangers les listes des personnes qui les voyaient avec peine, et de celles plus coupables qui osaient les combattre. Il ne faut pas croire cependant que tout cela se faisait *gratis* ; si tous ne recevaient de l'argent, le plus grand nombre se faisait de son zèle un droit incontestable aux places des dénoncés.

J'ai, sous les yeux, des rapports d'agens salariés et officieux, non-seulement du département du Rhône, mais encore du Puy-de-Dôme, de la Loire et de l'Isère, qui compromettent plusieurs individus respectables. Ces rapports citent avec impudence, comme source de ces renseignemens, des curés, des maires et des propriétaires......... J'ai, à côté, les réclamations des personnes citées qui démentent ces indignes agens : c'est un chaos d'infamie ! A quoi ne doit-on pas s'attendre quand on fait de la délation le premier des devoirs, le plus sûr moyen de faveur?

M. de Chabrol s'arrête à penser que c'est une *cons-*

piration de canaille. J'aimerais assez qu'on donnât ce nom à tous ceux qui cherchent à troubler leur pays ; mais je n'ai pu bien encore définir ce mot. Je pense qu'aux yeux de certaines gens on est de la canaille, quand, pour le moindre salaire possible, on offre le plus de travail possible.

Ce mot, qu'on ne devrait trouver dans aucun écrit officiel, est suivi d'une théorie étrange. « *Il faut*, « dit M. de Chabrol, *rétablir les influences sociales ;* « *l'espérance que des gens obscurs peuvent conce-* « *voir de jouer un grand rôle, les rend ennemis du* « *Gouvernement légitime.* »

De pareilles idées professées tout haut par un administrateur, dans un pays où le Roi et les quatre-vingt-dix-neuf centièmes des citoyens veulent l'égalité des droits, forment un singulier contraste : on ne peut s'empêcher de regarder en arrière, pour découvrir si on n'en aperçoit pas quelques traces dans son administration.

Les classes obscures, je n'en connais point dans la nation française ; toutes ont brillé du même éclat ; et, il faut l'avouer, la palme du patriotisme et de l'humanité est demeurée généralement à celles qu'on appelle inférieures. On les voit supporter tous les fardeaux qu'impose la patrie, et aller au delà ; quitter leurs moissons pour voler à la frontière. Mais toujours nobles, toujours fières, on ne les voit pas aux fêtes des étrangers vainqueurs.

Des hommes obscurs, je n'en connais que ceux

qui, par leur oisiveté, leur ignorance, leurs vices, le sont toujours, quelque part que le sort les place.

J'ai dit que la terreur régnait à Lyon avant l'arrivée de M. le maréchal duc de Raguse; on l'a nié. Puisque ce mot de terreur fait de la peine à ces messieurs, il faut bien que je demande à M. de Chabrol s'il a oublié que, peu avant cette époque où le calme était, dit-on, rétabli, dans le mois d'août, il remerciait du contre-ordre qui faisait rester les Suisses; proclamait mauvais citoyens ceux qui voyaient cette troupe étrangère avec peine, et, après les mêmes théories qu'il exposait dans le mois de juin, il déclarait que *cette troupe était préférable à tout autre; que le régime militaire et la terreur qui le suit étaient les seuls moyens de contenir la canaille révolutionnaire.*

Si M. de Chabrol ne nous avait pas caché la meilleure partie de sa correspondance, nous aurions pu, je pense, lire beaucoup de choses dans ce genre.

Huit jours avant cette époque où le calme était, dit-on, rétabli, le 25 août, la ville de Lyon avait eu une si vive alerte, que plus de 6,000 ames avaient quitté ses murs. M. le maréchal m'a dit le tenir de M. le maire lui-même.

A cette époque où le calme régnait, un officier suisse que je ne veux pas nommer, parce qu'il a été poussé par les passions d'autrui, qu'il s'en repent sans doute maintenant, faisait de nuit, et bien accompagné, des patrouilles volontaires; et croyant de son devoir de seconder ce système de terreur, insultait et frappait les citoyens qu'il rencontrait dans la rue. M. C...., négociant, rue Pezay; M.... *id.*, rue Clermont; V...., *id.*, quai St.-Clair; C...., épicier, quai St.-Vincent, ont porté des plaintes qui n'ont pas été écoutées, quoi qu'on en dise aujourd'hui.

A cette époque de calme, un ouvrier arrêté un seul jour, ou seulement soupçonné, était un homme perdu; aucun fabricant ne pouvait l'employer sans témérité. On dénonçait à la Cour prévôtale trois jeunes fabricans, MM. M...., B.... et de P...., l'espoir et l'honneur de cette industrieuse; cité sans considérer s'il y avait quelque vraisemblance que des jeunes gens entourés de l'estime publique, formant un établissement nouveau dans lequel ils ont placé presque toute leur fortune qui faisait vivre 3,000 ouvriers, et qui commencé seulement à produire quelques fruits pour tant de soins, de dépenses et d'industrie; s'il y avait, dis-je, quelque vraisemblance qu'ils entrassent dans une conspiration dont le premier résultat, quelle qu'en dût être l'issue, aurait été de les ruiner. La présence du duc de Raguse les sauva : il visita leurs ateliers, reçut ces messieurs chez lui : dès lors on ne le vit plus entouré que de jacobins.

Le maréchal duc de Raguse, en arrivant à Anse, vit tout à coup sa voiture escortée par un détachement de gendarmes, sabre nu. Il demanda si c'était comme précaution ou par honneur. « Ah! lui dit « un d'eux, monsieur le Maréchal, les paysans sont si « méchans ici; ils voudraient voir pendre le dernier « gendarme : mais on les a mis à la raison, on a « promené la guillotine de village en village. »

Quelques jours après son arrivée, le duc de Raguse donna une soirée. Il invita tout ce qu'il y avait de notable à Lyon. On commençait à se réunir quand un de ses aides de camp me prévint qu'on avait placé un factionnaire à l'issue du pont pour faire rebrousser chemin à ceux qui voulaient passer sous les croisées de l'archevêché. C'est à peu près comme si on prétendait empêcher de passer sur le quai Voltaire ceux qui descendent du Pont-Royal. Je fis venir l'officier de garde; il était Suisse. Je lui demandai pourquoi il se permettait de placer un factionnaire sans en avoir reçu l'ordre. Il me répondit : « C'est que les habitans sont si méchans, « que, si on ne les éloignait, ils jetteraient des pierres « dans les croisées (1). » Je l'envoyai retirer son factionnaire. Plus de mille personnes se groupèrent sur le quai, sans qu'on entendît d'autres cris que ceux de Vive le Roi, en signe de commencement d'espérance.

Pendant le séjour de M. le maréchal à Lyon,

(1) C'était un fort jeune homme d'un extérieur très-doux; il croyait sincèrement ce qu'il disait. On voit, par de semblables traits, combien on était parvenu à égarer les esprits.

madame Renard, femme d'un invalide de soixante-dix ans, décoré de la médaille, établie sur la voie publique où elle vendait de l'eau-de-vie, fut chassée par le caporal de garde à la caserne des Suisses. N'entendant pas la langue de cet homme, ou cherchant à conserver le seul moyen peut-être qui lui restait pour gagner sa vie, et que l'autorité civile était seule en droit de lui ôter, elle ne se retira pas; le caporal se fâcha, tira son sabre, lui en donna deux violens coups du plat, et la força de partir. Son mari vint porter plainte: l'affront lui paraissait insupportable pour la femme d'un ancien militaire, la mère d'un brave mort pour la patrie. M. le maréchal m'ordonna de suivre cette affaire; j'en écrivis au lieutenant de Roi, qui m'envoya le rapport du colonel: il cassait son caporal, le mettait au cachot pour quelques jours, et l'officier aux arrêts; il promettait du reste que son chirurgien panserait cette femme jusqu'à parfaite guérison.

On ne put rien obtenir de plus; d'après les capitulations, cet homme ne se trouvant pas justiciable de nos conseils de guerre.

Dans ces temps de calme et de confiance, on tirait dans les prisons, et quoi qu'en disent ces messieurs, en six semaines de temps quatre fois dans la même. Je vais présenter la lettre de M. le préfet, celle du sous-lieutenant commandant du poste à son colonel; je le puis sans lui nuire, puisqu'il a fait ce qu'il a pu pour empêcher le mal. Je mettrai à la suite (p. 3) d'autres pièces relatives à cet événement (1).

« MONSIEUR LE MARÉCHAL,

« J'ai l'honneur de rendre compte à Votre Excel-
« lence d'un fait grave qui s'est passé ce matin à la
« prison de Saint-Joseph.

« Un prisonnier prenait l'air à la fenêtre; il était
« derrière des grilles et un auvent : il n'y avait par
« conséquent aucune crainte d'évasion. La senti-
« nelle placée dans la rue lui a immédiatement tiré
« un coup de fusil, et la balle lui a grièvement blessé
« le bras.

« Cet événement, qui n'était pas provoqué, a pro-
« duit une grande exaspération parmi les prisonniers.
« Quelques morceaux de briques ont été lancés par
« les fenêtres. Il y a été répondu par quatre coups de
« fusil, dont deux ont blessé deux prisonniers, et
« l'autre a failli tuer le concierge qui allait parmi eux
« pour remettre l'ordre.

---

(1) Je ne puis tolérer la tiédeur que j'ai vue à certaines personnes sur cet événement, outre qu'il n'y a eu d'autres provocations que des injures. N'a-t-on pas tous les moyens de répression envers les prisonniers, et doit-il être permis de tirer sur eux, hors le cas d'évasion?

Comment se fait-il encore que c'est seulement à l'arrivée de monsieur le maréchal, qu'on s'est avisé de se plaindre d'aussi atroces excès ?

« Aussitôt que j'ai été prévenu de cet événement,
« je me suis transporté à la prison, et j'ai trouvé les
« prisonniers dans un grand état d'exaspération. Je
« me suis présenté seul parmi eux, et le calme a été
« subitement rétabli.

« En sortant de prison, j'ai demandé au comman-
« dant du poste de me représenter la consigne écrite
« qu'il avait dû avoir à ce sujet. Il n'a pu m'en repré-
« senter aucune, et a fini par me dire qu'il avait une
« consigne verbale.

« J'ai requis le commandant de faire consigner
« les soldats qui se sont permis de faire feu, jus-
« qu'à ce que j'eusse fait mon rapport à Votre Excel-
« lence.

« Une consigne de ce genre avait été donnée, il y
« a quelques mois, par le commandant de la place.
« Je lui avais écrit officiellement pour lui faire ob-
« server que cette consigne, qui laissait tout soldat
« maître de décider de la vie d'un homme, était op-
« posée à tous les principes.

« Sans doute, monsieur le Maréchal, dans un mo-
« ment de révolte, la force armée est autorisée à
« tirer sur des prisonniers qui seraient au moment
« de s'évader; mais une pareille mesure ne doit
« être prise qu'après avoir épuisé tous les autres
« moyens de les rappeler à l'ordre.

« Des prisonniers doivent être considérés comme
« des enfans mutins : ce n'est qu'après avoir épuisé
« les voies de la douceur qu'on doit avoir recours
« aux mesures extrêmes.

« J'ai vu, dans les prisons de cette ville, des révoltes
« très-dangereuses, surtout dans le moment du pas-
« sage de la chaîne. Je me suis toujours transporté
« seul au milieu de ces mutins, et l'ordre a été réta-
« bli par ma seule présence.

« Je prie Votre Excellence de vouloir bien se faire
« rendre compte des faits, et de prendre telles me-
« sures qu'elle jugera convenables dans sa sagesse.

« Je suis, etc.

« *Signé* Comte CHABROL. »

Le 5 septembre 1817.

« MON COLONEL,

« Le nommé Oger étant en faction à huit heures,
« ce matin, a été insulté par les prisonniers qui lui
« ont même jeté des pierres; il a tiré un coup de
« fusil, la garde a de suite pris les armes, et s'est
« portée devant sa guérite. Les prisonniers conti-
« nuèrent à insulter. Trois coups de fusil ont été tirés
« en arrivant sur le terrain, sans que j'en aie donné
« l'ordre; j'ai fait cesser de suite, attendant que cela
« devînt plus nécessaire. Trois prisonniers ont été
« blessés : un au bras, deux à la figure; le concierge
« est allé faire son rapport au préfet, qui prétend
« que nos factionnaires n'ont pas le droit de tirer, et
« qui m'a dit qu'il allait faire son rapport au maré-

« chal. *Jusqu'à présent, et presque journellement,*
« *on a tiré;* je ne me crois donc pas en défaut, n'ayant
« à la vérité point de consigne qui dise de tirer; mais
« non plus aucun ordre qui blâme les factionnaires
« qui ont précédemment tiré.

« J'ai cru, mon Colonel, devoir vous faire ce rap-
« port, qui est d'accord avec celui que j'ai envoyé
« de suite à la place.

« Veuillez, mon Colonel, agréer l'hommage du
« profond respect avec lequel j'ai l'honneur d'être,

« Votre très-humble et très-obéissant serviteur,

« *Signé* BOUSQUET. »

Lyon, le 5 septembre 1817.

Quant au détenu tué le 8 juin, *dans la prison de Roanne*, la preuve manifeste qu'on n'a fait aucune enquête sur cet événement, c'est que les récits que l'on nous en fait diffèrent entre eux et sont tous faux. Voici celui des témoins qu'il serait encore temps de constater, ne fût-ce que pour apprendre jusqu'où était arrivé le mépris des lois et de l'humanité.

Un détenu se promenait sur une galerie au premier étage, qui n'a vue que sur la cour intérieure, et d'où il ne pouvait, en conséquence, *appeler de secours du dehors, ni assommer* le factionnaire qui était dans la cour. Sommé de se retirer, le détenu s'y refusa, et s'engagea en injures avec le factionnaire qui finit par le menacer d'un coup de fusil... Il n'y a que des pommes de terre dans ton fusil, lui répondit le détenu.—Ah! ah! tu vas voir, dit le soldat; et il l'abat.

Je lis dans le mémoire de M. le maire (p. 19): *Nous pouvons dire avec raison que, dans les circonstances graves où l'on se trouvait à pareil jour*, *une telle action, fâcheuse sans doute, était au moins justifiée par l'audace qu'aurait donnée aux autres détenus l'impunité de celui qui s'était ouvertement révolté contre un soldat toujours inviolable quand il est sous les armes.*

Le général dit: *Au moment où l'insurrection se manifestait*.... il est faux et de toute fausseté, et ces messieurs l'avouent eux-mêmes dans d'autres circonstances, que l'insurrection ait éclaté. Le procureur du Roi ne dit-il pas: *Ce qui s'était passé dans Lyon avait échappé aux regards des autorités*, etc...

M. de Chabrol lui-même ne met-il pas en question (p. 36):

Si les malveillans avaient ou non le projet de tenter un mouvement dans la ville.

Que reste-t-il donc pour justifier la mort de ce malheureux? le féroce esprit de parti.

Dans ces temps de calme et de confiance, personne ne se voyait, le spectacle était abandonnné par crainte des scènes qu'on n'y voyait que trop souvent pour des motifs politiques.

La tristesse et surtout la défiance étaient peintes

sur toutes les figures ; car on se savait entouré de piéges.

M. de Sainneville fait assez connaître les diverses polices et les piéges tendus par leurs agens. Je ne reviendrai donc pas sur cet article.

J'ai parlé du régime des prisons ; je pourrais en donner un détail aussi curieux que révoltant ; mais je m'en tiendrai au rapport de M. l'inspecteur général de police, en tournée.

Lyon, le 9 septembre 1817.

« Monsieur le Maréchal,

« Votre Excellence m'a fait l'honneur de me de-
« mander quel était le nombre des individus arrêtés à
« Lyon par suite de l'affaire du 8 juin ; par qui leur
« arrestation avait été ordonnée ; et si les formalités
« voulues par la loi avaient eté remplies à leur égard.

« On évalue généralement à deux cents personnes
« le nombre de celles arrêtées à Lyon ; pour avoir des
« notions précises à ce sujet, il faudrait consulter
« les feuilles volantes qui sont au bureau de police de
« la mairie, attendu que c'est par elle, et non par un
« registre d'écrou, que l'on constate l'entrée ou la
« sortie de ceux qu'on dépose dans les caves de
« l'Hôtel-de-Ville, quelle que soit la durée du séjour
« qu'ils y font.

« M. le maire s'étant spécialement occupé des « suites de l'affaire du 8 juin, c'est plus particulière- « ment en vertu de ses ordres, ou par ses subor- « donnés, que les arrestations ont été faites. Plu- « sieurs détenus, mis au secret, y sont encore, « quoique déjà interrogés ; ils y resteront probable- « ment jusqu'à leur mise en jugement. Cette sévérité « est d'autant plus grande, qu'elle se prolonge de- « puis près de trois mois, et que la mise au secret « les plonge dans les cachots.

« J'ai trouvé, dans les caves de l'Hôtel-de-Ville, « quarante-quatre individus arrêtés pour divers mo- « tifs. J'y ai vu Barbier, Volosan, Vernay, Favier (1) « et autres que l'on y garde pour les interroger plus « facilement lorsqu'on a besoin de nouveaux détails, « attendu qu'ils sont les principaux révélateurs du « complot.

« J'ai été surpris, 1° de les trouver dans la même « cave où ils peuvent se communiquer réciproque- « ment les interrogatoires qu'ils ont subis, les réponses « qu'ils y ont faites, et concerter celles qu'ils feront « par la suite ; 2° de trouver les détenus dans un lieu « qui n'est point une prison, mais seulement un « dépôt pour les personnes arrêtées, en attendant « qu'elles subissent un premier interrogatoire, qui,

(1) Tous les actes qui ont rapport à cet homme donnent son nom ainsi. Le général Canuel a trouvé convenable de l'écrire Fabvier : c'est une petite ruse du métier.

« d'après la loi, doit être fait dans les vingt-quatre « heures, et après lequel elles doivent être mises en « liberté, ou à la disposition de M. le procureur du « Roi, s'il y a lieu à poursuivre.

« Cet abus n'est pas le seul dont j'ai reconnu l'exis- « tence lors de la visite que j'ai été chargé de faire « dans les prisons de Lyon, par ordre particulier « de S. Exc. le ministre de la police générale. Il en « est d'autres non moins graves en ce qu'ils compro- « mettent la liberté des individus par la facilité avec « laquelle les concierges les reçoivent, sans qu'au « préalable les formalités voulues par la loi aient été « remplies. Je les ai signalés à M. le maire et à M. le « préfet, dès le lendemain du jour que je fis ma vi- « site, parce que mon principal but était d'arriver à « un état de choses plus légal. Je les mettrai avec « la même franchise sous les yeux des diverses auto- « rités qui concourent à la police et à la surveillance « des prisons, le jour où Votre Excellence les réunira « chez elle, ainsi qu'elle m'a fait l'honneur de me « dire qu'elle en avait le projet.

« Daignez agréer, monsieur le Maréchal, l'hom- « mage de mon très-profond respect,

« *Le lieutenant de police, inspecteur général,*

« *Signé* Eymard. »

Il est bon de rappeler que c'est le 9 septembre, trois mois après l'événement du 8 juin, et les dix premiers jugemens rendus, que les choses étaient dans cet état.

M. le maire de Lyon a dit que, du 8 au 13 juin, 215 individus ont été arrêtés dans la ville de Lyon, dont 103 ont été remis en liberté; mais, après le 15, il y en a eu d'autres dont il ne donne pas le nombre, ni moi non plus, par la raison qu'en donne M. Eymard.

Je dois dire aussi que pour arriver à ce *rez-de-chaussée*, qu'on appelle les caves de l'Hôtel-de-Ville, il faut descendre quinze marches.

Ces messieurs se rappelleront sans doute que c'est dans la réunion du 19 septembre qu'on a reconnu que les prisons étaient soumises au régime le plus inconcevable; qu'on recevait les détenus sans formalités; qu'aucune des autorités chargées par la loi de cette surveillance ne faisait son devoir; que ces malheureux étaient rançonnés de la manière la plus criante; qu'il n'y avait pas même dans les prisons de registre de discipline : il est vrai qu'on y suppléait à coups de fusil.

Veut-on quelques faits entre mille, pour avoir une idée du désordre qui régnait partout ?

M. Chauveli, officier retraité à Avignon, arrêté, par suite des événemens du 8 juin, promené d'Avignon à Lyon, où il resta jusqu'à la fin de septembre, a été rendu à la liberté, sans jugement. Quand on demandait quelles charges existaient contre lui : rien, disait-on ; mais les débats vont bientôt commencer ; et, s'il n'y a rien contre lui, on le fera sortir.... Il y en a plusieurs autres dans ce cas.

Geibel, dans son interrogatoire devant la Cour, a eu avec le président le dialogue suivant :

Le président : Avez-vous été initié dans la conspiration ?

Geibel : J'ai été plongé dans un cachot, pendant 82 jours, sans être interrogé.

Le président : Revenons à ce point. Avez-vous été sous-chef ?

Comme on n'attendait de preuves contre lui que de ses propres aveux, Geibel a été acquitté.

Gaudet est resté 53 jours au secret, avant de savoir de quoi il était accusé : il a été également acquitté, est sorti malade, ses blessures ouvertes, et couvert d'une sorte de lèpre.

La fille de Ceriziat et une autre femme ont déclaré avoir été enfermées dans les caves, pour leur faire dire où était ce prévenu.

L'administration intérieure de la ville de Lyon présentait les plus graves abus. Je ne dirai pas comment, en 1817, les centimes additionnels, pour les propriétaires de la ville de Lyon, ont été portés à 103, dont partie votée pour 6 ans. Je ne rappellerai pas tous ces arrêtés inconstitutionnels, parmi lesquels celui sur les décroteurs, qui a diverti toute la France ; le conseil d'état a fait justice du plus grand nombre : je supprime tous ces détails. Je n'aurais pas parlé de M. le comte de Fargues, si ses amis ne lui avaient rendu le mauvais service d'insulter ceux qui blâmaient son administration. Le plus sincère hommage que je puisse rendre à son malheur, est de dire à toute la France, ce que sait déjà toute la ville de Lyon, qu'avec de bonnes intentions, un cœur faible et trop peu de lumières, il a été la proie d'intrigans bien connus.

Pour les campagnes, elles ont eu beaucoup à souffrir dans les années 1816 et 1817. La majorité des fonctionnaires a été changée précipitamment : on ne s'informait ni de la moralité, ni des talens ; seulement de la prétendue opinion. Par un contraste trop commun de nos jours, on trouve, parmi les plus exagérés, des hommes signalés par leur zèle à une époque horrible : beaucoup ont voulu faire oublier leurs anciens torts, d'autres satisfaire des passions personnelles ; un grand nombre ignorait les lois. Tous ces hommes, investis simultanément du pouvoir, ont porté, en peu de temps, l'arbitraire et les vexations à l'excès. Il me faudrait un volume pour retracer tous les faits qui m'ont été fournis. L'arrondissement de Villefranche a été le plus maltraité : si on n'avait retenu les habitans, ils seraient venus en masse porter leurs plaintes lors de l'arrivée du lieutenant du Roi. Je vais donner quelques exemples du régime auquel ils étaient soumis.

Le conseil municipal entier, composé des hommes les plus recommandables ; le maire, M. Desarbres, chéri de ses concitoyens, nommé depuis sous-préfet par *intérim ;* le président, le procureur du Roi, tous les officiers de la garde nationale ; les percepteurs, et jusqu'aux valets de ville, ont tous été destitués et remplacés sur les simples dénonciations d'un comité, dans le sein duquel le curé s'est rendu en vain pour l'engager à se dissoudre, à laisser en paix la contrée, et dont les membres se sont emparés des places : la formation de ce comité remonte à l'occupation étrangère. Je ne crois pas qu'ici il y ait eu, comme le dit M. de Chabrol, plus de dénonciations que de destitutions, attendu que cela n'est pas possible.

Lors de la bénédiction des drapeaux de la garde nationale, les nommés Bérujat cadet, Le Fay et Sandélion ont été frappés à coups de sabre : leur sang a coulé sur la place publique, parce qu'ils n'ont pas fait éclater leurs transports assez haut, quand le cortége a défilé ; les magistrats l'ont vu : où est la procédure ?

Deux soldats d'un détachement, passant par Villefranche, sont logés chez le nommé Ollier : un vieux coq, placé sur une pendule, leur paraît un aigle ; ils arrêtent leur hôte, le conduisent à leur chef : on lui demande s'il a des biens nationaux ; sur sa réponse affirmative, il est conduit sur la place entre huit fusilliers, à qui on recommande de se munir de cartouches. Ollier s'évanouit, demande un confesseur, sa femme, ses enfans ; on le frappe et on le remet en prison, en lui disant qu'il sera fusillé le lendemain, en arrivant à Mâcon, pour l'exemple de cette dernière ville. Le malheureux passe la nuit dans ces angoisses : pendant ce temps, sa femme, ses enfans, ses amis couraient chez les autorités; l'affaire n'était de la compétence d'aucune; plusieurs trouvaient le châtiment mérité. Le lendemain, Ollier est couché sur le parapet du pont, dépouillé, battu; son sang coule, et aucun magistrat n'élève la voix en sa faveur, quoique deux mille témoins se présentent (1).

M. Jollivet, ex-maréchal de logis, est mis en prison pendant trente-sept jours, parce que les trois couleurs dominaient, disait-on, dans son enseigne. Sur le rapport que le bleu y manque, il est mis en liberté.

M. Perroud, chef de bataillon, demeure vingt-sept jours en prison, sans qu'on veuille lui dire de quoi il est accusé : il porte plainte en vain (p. 5).

M. Vélu, ancien capitaine, est arrêté pour avoir donné à son cheval *un nom cher à tous les bons Français* (le Cosaque). Je n'ose achever ! il tombe malade de chagrin, on le met à l'hôpital; mais, chargé de fers..., il meurt.

Trois autres personnes meurent dans les prisons, accusées de délits à peu près semblables.

Les frères Bacheville, anciens militaires, étaient

---

(1) L'officier qui s'est rendu coupable de cet attentat ignore sans doute que les articles 341 et 344 du Code pénal condamnent à mort toute personne qui, sans ordre des autorités, ayant arrêté un individu, l'aura menacé de mort ou soumis à des tortures corporelles.

venu voir leurs parens : on envoie des gendarmes pour les arrêter; ils résistent et se retirent : la garde nationale est sommée de les poursuivre; elle veut en laisser la gloire et les périls aux gendarmes. On crie à la révolte, un détachement de cavalerie arrive, on le loge chez les suspects. Par suite de cette affaire, MM. Amiral, Plâtrier, Morel, traiteur; Duperrel, propriétaire; tous trois, garde nationaux, sont mis en prison, y restent deux mois, sans procédures, sans jugemens, etc., etc.

Je répète ici que je ne donne pas de détails; je ne veux que citer quelques exemples.

Si je sors de ce malheureux arrondissement, que j'arrive dans la commune de Saint-Andéol, par exemple, l'adjoint et la commune entière se présentent et portent plainte pour la dixième fois. L'adjoint, qui paie beaucoup plus des 300 fr. exigés, n'a pu parvenir à être porté sur le tableau des électeurs; et c'est l'arbitraire d'un homme qui l'a privé du plus beau de ses droits (1). Tous les citoyens ont été accablés de taxes arbitraires, d'arrestations illégales. Un chemin, dont la largeur avait été fixée à 12 pieds par un arrêté, a été porté jusqu'à 20 et 30, tracé à fantaisie, dépeçant les propriétés sans aucune

---

(1) D'après le travail fait à ce sujet, on a reconnu que cet abus avait eu lieu dans plusieurs communes du département du Rhône. On a vu également des hommes portés sur la liste des électeurs sans y avoir droit, et parmi ces derniers on compte des magistrats.

indemnité. Ceux qui se plaignent d'un tel désordre sont mis en prison. Un membre du conseil municipal n'est pas épargné.

Etienne Colomban déclare qu'étant arrivé trop tard à la corvée, il a été condamné à trois jours de travail, à 12 fr. d'amende, et à nourrir deux gendarmes en garnisaires pendant plusieurs jours.

MM. Chavannet et Beaudet sont dans le même cas.

On ajoute que dans cette commune, comme dans plusieurs autres, la terreur qu'éprouvaient les habitans a étendu *la prestation en nature* jusqu'à faire rentrer gratis les moissons de quelques particuliers.

Le Roi avait envoyé de sa cassette des secours aux malheureux. Saint-Andéol avait été porté pour 80 fr.; on se plaint de n'en avoir pas vu la répartition.

Lors de l'arrivée des troupes, après le 8 juin, cinquante hommes ont été envoyés chez M. Raillat; et malgré ses réclamations, malgré qu'il ne soit pas même nommé dans aucune des recherches faites à cette époque, il lui a coûté pour ce séjour 1800 fr. et 270 fr. sous le prétexte de souliers à fournir aux troupes.

On montre dans plusieurs communes des tableaux d'amendes illégalement perçues et pour des faits qu'aucune loi ne considère comme des délits, par exemple, pour avoir rentré ses récoltes le jour du dimanche. J'en ai copie.

Je ne citerai pas les 2 ou 300 actes arbitraires dont j'ai connaissance, les lettres que j'ai reçues des campagnes, avec des détails qu'on offre de venir attester au pied du trône ; je citerai bien moins encore les discours vraiment séditieux, constamment impunis, par lesquels on s'efforçait de détruire le respect dû au Roi et à notre constitution, ces vœux impies qui dépassent ceux des plus ardens révolutionnaires. Je n'apprendrais rien à personne ; toute la France en sait autant que moi. Mais si on veut se faire une idée du désordre qui suit le relâchement dans l'administration, il faut considérer le département du Rhône en 1817 : toutes les querelles particulières, les plus vieilles inimitiés s'étaient colorées des passions politiques ; les nouvelles autorités persécutaient les anciennes. Le bourg de Saint-Genys-Laval, par exemple, était partagé entre MM. V...., P...., D.... ; et cette division seule avait créé plus de factieux que les opinions politiques. La veuve Dumont, après avoir été si rudement frappée par la justice, a été condamnée administrativement à payer 150 fr. pour les frais du détachement chargé de protéger l'exécution de son fils. Comment ne pas frémir, en se rappelant qu'on cite les autorités locales pour éclairer les juges, et qu'en effet, dans la plupart des communes, ce sont elles qui ont dirigé les poursuites judiciaires ?

M. Delorme, médecin de Belleville, arrive à Lyon : il est arrêté et jeté dans les caves de l'Hôtel-de-Ville. Au bout de deux jours il paraît devant un tribunal, présidé par M. le maire, et composé de commissaires de police, parmi lesquels il reconnaît, avec surprise, le maire de sa propre ville (1). Après une interrogatoire assez frivole, il reçoit de M. le maire la remontrance suivante :

« Monsieur, vous êtes mal noté sous le rapport de « votre opinion politique; vous avez reçu une mau- « vaise éducation; vous professez une morale sub- « versive de tous principes; vous êtes un chef de « parti. Vous avez une grande influence sur vos « concitoyens, et si jamais la tranquillité de votre « commune est troublée, c'est votre tête qui en ré- « pondra. Retirez-vous (2). »

Les visites domiciliaires se faisaient de nuit, avec autant de légèreté dans les campagnes que dans les villes. On n'y mettait d'autre formalité que la menace d'enfoncer les portes.... Pendant le séjour de M. le maréchal à Lyon, M. D.... porta plainte contre un acte de ce genre, en date du 16 octobre. Je ne sais si le conseil d'état aura autorisé la mise en jugement de messieurs les maire et adjoints de la commune de Grandris.

J'ai dit que, non-seulement on avait exécuté le désarmement d'une manière arbitraire, et avec une rigueur illégale, mais que des particuliers avaient dû acheter des armes pour les livrer : on a nié ces faits; le bourg de Brignais l'attestera en masse, lui à

(1) M. G......., à cette époque maire de Belleville, était en même temps chef de la division de la police à la mairie de Lyon.

(2) Tiré de la plainte de M. Delorme.

qui il en a coûté 800 fr. MM. Butteil, Bompart, Carré, Corceray, Bois-Morel à Villefranche; Vernay à Dracé; Dury et Place à Belleville; Mathieu à Quincieux; Belliard, Roche fils, Bretonville, Balandras, Patay à Saint-Léger, etc., etc., le déclareront aussi. Dans le seul arrondissement de Villefranche, environ deux cents électeurs ont été désarmés, et cent personnes ont dû acheter des armes pour les livrer.

J'ai dit que des réquisitions de vin, de souliers, d'argent avaient été frappées dans les campagnes: on en est convenu. Il serait seulement à désirer que la *volumineuse correspondance* nous eût appris de qui les habitans doivent réclamer les objets *réellement perçus* sous le prétexte vrai ou faux de réquisitions militaires.

Je répète ici, avec bien de l'empressement, que tout le monde rend à M. de Chabrol la justice de croire qu'on n'a pas laissé aller jusqu'à lui les plaintes qui lui étaient adressées: mais, voilà les faits. Ai-je trop dit, *administration malfaisante?*

J'ai parlé de visites domiciliaires au milieu de la nuit, avec le plus grand désordre, au mépris de toutes les lois....

J'en pourrais citer un grand nombre faites avec des *formes véritablement indignes d'hommes portant l'habit de soldat*: non-seulement les armes de guerre étaient enlevées, mais encore celles de luxe, des épées, des sabres, des objets étrangers aux armes; le tout était confisqué au profit des zélés perquisiteurs.

M. B........, propriétaire, après avoir porté en vain plusieurs plaintes, s'est adressé à M. le maréchal : j'en ai écrit, par son ordre, au lieutenant de Roi, qui a vérifié les faits. L'officier a avoué, après quelques défaites, et a été contraint de restituer la valeur des effets réclamés. M. B. a sur-le-champ déposé cet argent dans la caisse de bienfaisance. Dix autres plaintes ont été portées sur de semblables actes ; mais les réclamans ont cessé leurs poursuites, quand ils ont su cet officier dans le malheur. Je veux bien ne pas le perdre, en le nommant, quoique sa conduite ne mérite aucune indulgence ; et ce sont de tels hommes que le comité de Lyon n'a pas craint de recommander par les lettres les plus pressantes ! ce sont de tels hommes qu'on a vus depuis couverts de hautes protections !

Si l'esprit de parti était parvenu à faire considérer une population entière comme ennemie par quelques militaires, la plupart novices, j'ai vu les véritables soldats gémir de cet état de chose, hausser les épaules aux éloges exagérés qu'on donnait à leur intrépidité et à leur fidélité (p. 6.), à ces dangereuses demandes de récompenses qu'on faisait pour eux, comme après une bataille. Certes, quand on leur a dit que la tranquillité publique était menacée, ils se sont présentés avec zèle ; mais ils se félicitent, sans doute, de n'avoir pas eu à tremper leurs mains dans le sang de leurs concitoyens : ils ont une plus belle tâche devant eux ; celle de faire respecter notre indépendance.

Le général Canuel dit (p. 29) : *Où M. Fabvier a-t-il pris que la persécution contre les officiers à demi-solde a été poussée à l'excès le plus inconcevable?* Viennent ensuite les noms de plusieurs officiers à qui il a rendu des services, parmi lesquels M. Lafond, dont le témoignage a fort mal répondu aux espérances du général Canuel. Il dit après cela (p. 32.) : *Il nous serait facile d'ajouter à ces faits une liste plus considérable d'officiers qui*, PERSÉCUTÉS, *ont trouvé une protection bienveillante auprès de nous.*

Ils ont donc été PERSÉCUTÉS ; et, puisqu'il faut le dire, les outrages les plus sensibles qu'ils ont essuyés leur ont été prodigués par un homme sorti de nos rangs, des corps supposés l'élite de l'armée. Il osait bien recevoir les officiers dans sa cour et dans son écurie ; traiter de brigandages les services rendus à la patrie, etc. (1).

Je répéterai ici que les officiers en non activité n'étaient point appelés aux cérémonies publiques ; que, pour les voir, il a fallu que le duc de Raguse donnât l'ordre qu'ils lui fussent PRÉSENTÉS. On les a accusés à tort de ne pas s'être présentés le 8 juin : pouvaient-ils plus que les autres Lyonnais deviner qu'il y avait eu une conspiration ce jour-là ? Le lendemain, quand on leur a parlé de danger pour

(1) Dix officiers jeunes, distingués, appartenant à des familles honorables, ont demandé et obtenu leur traitement de réforme par suite de ces mauvais traitemens qui leur ont paru insupportables.

l'ordre public, ces nobles enfans de la patrie sont allé, sans hésitation, sans rancune, offrir leur secours à leurs persécuteurs. Tous les rapports antérieurs, faits sur leur compte, les avaient toujours montrés de même (p. 7).

J'ai dit que, pour ces événemens du 8 juin, connus et appréciés maintenant, cent cinquante-cinq accusés ont été jugés par la cour prévôtale; que presque aucun n'a échappé à une peine plus ou moins forte; car, ceux qui ont été acquittés avec cautionnement, sont presque tous hors d'état de le fournir : on ne l'a pas nié. Ainsi, cent cinquante familles sont retranchées tout à coup de la société; quatre à cinq cents enfans réduits à la misère et au désespoir, non moins perdus par la mendicité, le vagabondage, et les vices qui en sont la suite; une foule de parens, de vieillards, privés de tout appui, sur le bord de la tombe; et je n'oserais plaindre cet amas de victimes!

J'ai dit qu'on a divisé en douze procédures une affaire que l'on regarde comme un seul et même complot : on ne l'a pas nié.

Que des proclamations, des promesses de pardon avaient fait rentrer dans leurs demeures des malheureux que la hache a frappés depuis : on ne l'a pas nié; et chacun vient de lire des lettres adressées individuellement à des particuliers de Saint-Andéol. Ici j'éprouve un vif plaisir à publier que M. de Saint-Paulet n'a pas voulu se charger de faire arrêter ceux qui s'étaient fiés à sa parole.

J'ai dit que Saint-Dubois ne se dirigeait avec ses

cartouches vers aucun point *connu* de rassemblement. M. le maire dit qu'il se rendait à la hauteur de la Croix-Rousse : découverte superflue, puisqu'elle est faite le 22 juin, par la déposition de Barbier, et que Saint-Dubois avait eu la tête tranchée le 13.

Pour le fond des jugemens, j'ai tout attribué à l'erreur; et certes, on ne trouve pas, dans tout ce que j'ai écrit, ce qu'écrivait M. de Chabrol, *qu'une condamnation a été prononcée moins par justice que par égard pour ceux qui avaient inventé la conspiration.*

J'ai dit que les lois ont été violées ; je le répète, et, pour le prouver, je ne citerai que quelques-uns des arrêts affichés sur les murs de ces maisons maintenant désertes.

Troisième arrêt, 23 *juin.*

Joseph Lourd, *convaincu d'avoir fait partie de la bande armée de Brignais*, à mort.

Cet homme a été arrêté le lendemain 9, dans son lit. L'art. 100 du code pénal le sauvait.

Quatrième arrêt, 8 *juin.*

Vingt et un habitans de la commune de Saint-Andéol ont été accusés « d'avoir fait partie de la bande « armée qui a été levée et organisée à Saint-Andéol, le « le lundi 9 juin, à 7 heures du matin, et d'avoir par- « ticipé par-là à l'attentat dont le but était de chan- « ger ou de détruire le Gouvernement, etc. » Voici quel fut le jugement :

1° Jean-Baptiste Fillion, Laurent Colomban et Andéol Desgranges furent déclarés coupables *d'avoir concerté l'attentat dont il s'agit*, avec Aimé Barret, chef des mouvemens de Saint-Andéol, dans la nuit du 8 au 9 juin, et d'avoir concouru à son exécution.

En conséquence, et en vertu des articles 87, 88 et 91 du code pénal, ces trois victimes ont été mises à mort (1).

Fillion, Colomban et Desgranges ont donc péri pour un crime de complot dont ils n'avaient pas été accusés.

2° François Desgranges, dit Gros; Jean-Antoine Champin, Alexandre Guillot, Andéol Colomban, François Charvin et Claude Guillot père furent déclarés « coupables non-seulement d'avoir, par leurs « cris et leurs discours, *mais encore par leurs actions*, provoqué un renversement du Gouvernement. »

En vertu de l'article 1er de la loi du 9 novembre 1815, ils furent condamnés à la déportation.

Encore un crime très-indéterminé, et pour lequel il n'y avait point d'accusation.

3° Jean-François Champin fils et Étienne Targe ont été déclarés « coupables de rébellion envers les « officiers et agens de la police administrative de la « commune de Saint-Andéol. »

---

(1) Un autre a été tué en s'évadant; un autre est mort en prison : en tout cinq.

D'après les articles 209 et 210 du code pénal, ils ont été condamnés à cinq ans de travaux forcés.

Même observation : Champin et Targe ont été condamnés pour un crime dont ils n'avaient jamais été accusés, et sur lequel il n'y avait eu ni instruction, ni défense.

Cinquième arrêt, 4 juillet.

Le nommé Jean-François Dechez, condamné à mort *pour avoir eu un emploi dans la bande armée de Charnay.*

Quel emploi ? l'arrêt ne le dit pas, l'accusation n'en supposait aucun.

Jean-François Bancus et Laurent Charbonnay, à la déportation, pour avoir, dit l'arrêt, *provoqué directement, par leurs cris et leurs discours, des faits et des actions très-caractérisés de leur part, un renversement du Gouvernement.* Quels cris, quels faits, quelles actions ?

Sixième arrêt, 16 juillet, à Saint-Genys-Laval.

Je supprime ce qui regarde Oudin et les dix-neuf autres, tout irrégulier que peut être leur jugement ; mais tout cela pâlit devant celui de Pierre Dumont.

2° Pierre Dumont, convaincu de deux faits : l'un,

d'avoir *fait partie du rassemblement* armé ; l'autre, d'avoir commis une *tentative d'assassinat* sur le curé d'Irigny, a aussi été condamné à mort : il était âgé de seize à dix-sept ans.

La première des deux imputations ne pouvait donner lieu à aucune peine, puisque Dumont avait été saisi sans résistance et sans armes, hors du lieu de la réunion séditieuse, où il n'avait exercé aucun emploi ; c'était, sous ce rapport, le cas de lui appliquer l'article 100.

La seconde imputation n'avait point été la matière de l'accusation ; elle était outrée. L'enfant avait dit au curé : *Crie, vive l'empereur, ou je te tue;* et, en disant ces paroles criminelles, il avait en effet un pistolet à la main ; mais, d'une part, il n'a point été vérifié, et l'arrêt n'énonce pas même que le pistolet se trouvait chargé ; d'autre part, il ne paraît pas que le curé ait voulu racheter sa vie en prononçant l'invocation qu'on exigeait de lui ; l'arrêt enfin n'exprime pas que le coup ait été détourné par aucune circonstance fortuite indépendante de la volonté de l'enfant. Ce ne fut donc point là une véritable tentative d'assassinat dans le sens de la loi, et la peine à infliger ne pouvait être la mort.

Septième arrêt, 25 juillet.

Dix-neuf individus mis en jugement.

« Tous accusés, dit l'arrêt, d'avoir *participé à* « *l'attentat* dont le but était de détruire ou de ren-

« verser le Gouvernement, etc., etc.... ; d'avoir fait
« partie des bandes qui se sont formées le 1er juin
« à la Serrandière, et le 8 dans la commune d'Ambi-
« rieux ; d'avoir levé et organisé les bandes ; d'y avoir
« rempli divers emplois ou commandemens ; d'avoir
« accepté différentes missions relatives à l'insurrec-
« tion. »

Voici les condamnations qui ont été prononcées (1).

1° Louis Tavernier et Claude Nesme ont été condamnés à mort comme coupables d'avoir été *les agens de l'attentat, et d'avoir participé à l'exécution en se réunissant aux bandes armées.*

Comme *réunis aux bandes armées*, sans le concours d'aucune autre circonstance, l'article 100 du code pénal défendait de leur *infliger aucune peine.*

Joseph-Marie Soubry, à la déportation, comme coupable d'avoir provoqué au renversement du Gouvernement, par *des cris et des actions très-caractérisés.*

Jean Rampon, convaincu d'avoir *volontairement reçu chez lui une troupe d'insurgés*, à la déportation.

Point d'accusation de ce genre.

Jean Tissut, Claude Joannard, Annet Bouvant, Pierre-Charles la Treille, Antoine Charnay fils, Jean Valençot, Louis Maguin, Guillard, dit Casand, à un

(1) Qu'on ne cite pas les recours en grâce, ou qu'on ose nous dire quels documens ont été envoyés à l'appui.

emprisonnement et à une amende, *pour avoir répandu des nouvelles alarmantes et invoqué le nom de l'usurpateur.*

Ils n'en avaient point été accusés et n'ont point été entendus sur ces faits.

Huitième arrêt, 7 août.

Rendu contre trente-trois contumaces : seize à mort et deux acquittés ; le reste à diverses peines.

Neuvième arrêt, 12 août.

Douze prévenus.

« Tous accusés, dit l'arrêt, d'avoir fait partie de la « bande armée qui s'est formée à Millery, dans la nuit « du 8 au 9 juin dernier, pour l'exécution d'un atten- « tat dont le but était de renverser le Gouvernement, « etc. ; laquelle bande a attaqué MM. les maire et « adjoints de ladite commune, et a tiré des coups « de fusil sur eux, etc. »

Les condamnations ne répondent point à cette accusation.

1° Jean-Pierre Gervais, Favier-Prince, Paul Duroze, Fleury, Brottet, Jean Luquel, déclarés coupables « d'avoir provoqué au renversement du Gou- « vernement, par *des cris, des discours, des faits* « *et des actions très-caractérisés*, sont condamnés « à la déportation. »

2° Odet, Potin, Gervais Patin, Jean Champin, Étienne Guinand, Antoine Vaillard et Mathieu Jumeau, comme coupables *d'actes séditieux, en invoquant le nom de l'usurpateur et arborant la cocarde tricolore*, ont été condamnés à un emprisonnement de plusieurs années et à l'amende.

Les prévenus n'avaient point été accusés de ces faits.

Dixième arrêt, 20 *août*.

Treize prévenus.

Tous accusés de participation *à l'attentat dont il s'agit*.

Pierre Dautant, dit l'Escarpin, condamné à la déportation, comme coupable de *cris, discours, faits*, etc.

Jean Damas, Pierre Guiliot, Benoît Jaricot, Justinien l'Hôpital, Antoine Clamaron, Jean-Antoine Hannequin, Joseph Poisat et Pierre Guy, déclarés coupables *d'actes séditieux*....., sont condamnés à un emprisonnement et à l'amende.

Onzième arrêt, 8 *septembre*.

Vingt-deux prévenus.

« Tous accusés, selon l'arrêt, de participation à
« l'attentat qui a été commis dans le département du
« Rhône, dont le but était de renverser le Gouverne-
« ment. »

Pierre Clemel, Henry Mallet, Berthaud, dit Cluvier, et Simon Trevenet, condamnés à la déportation, comme ayant participé aux mouvemens insurrectionnels, et comme s'étant rendus coupables *d'actes de provocation* au renversement du Gouvernement.

Comme ayant participé aux mouvemens insurrectionnels, dans lesquels ils n'avaient exercé aucune autorité, ils ne pouvaient être soumis à aucune peine, d'après l'article 100 du code pénal ;

Comme coupables d'actes de provocation, ils pouvaient d'autant moins être punis, qu'il n'y avait pas même eu d'accusation sur ce point.

Hubert Mouchetard, François Delhomme, François Chappuy, Pierre Durdilly, Philippe Blanc, Pierre Rebut, Benoît Desgoutes, Jean Boulon, Jean Guigond, Aimé Lestra et François Couppier ont été condamnés à un emprisonnement et à une amende, comme coupables *d'actes séditieux*.

Point d'accusation de cette espèce.

Tels sont les arrêts rendus par la cour prévôtale du Rhône sur les événemens du 8 juin.

Je demande si la plupart de ces arrêts ne sont pas des *jugemens en masse*, où on ne trouve d'intéressant que le nom des victimes.

Je demande si, pour la plupart, les condamnations ne reposent pas sur des faits dont les actes d'accusation ne faisaient pas mention.

Je demande si, tandis que la loi pardonne la sédition elle-même, à ceux des coupables qui sont saisis sans armes et sans résistance hors du lieu de la réunion, il est permis de les poursuivre pour des cris séditieux, pour des discours, etc., qui sont les actes mêmes qui constituent le délit qu'on leur pardonne. Une telle clémence ne serait-elle pas une cruelle dérision ?

Je ne parlerai pas de ce principe, qu'il faut enfouir les erreurs des tribunaux au centre de la terre : l'indignation publique a répondu.

Dans le tableau abrégé que je viens de présenter, j'ai évité, autant que je l'ai pu, de nommer des individus ; je ne voulais pas appeler sur eux le blâme public, pour des fautes qu'ils n'auraient peut-être pas commises s'ils n'avaient été entraînés par une formidable faction ; mais ce qu'il m'importait de dire, c'est qu'il n'est pas surprenant que cette contrée, livrée à un pareil régime, ait pu présenter quelques dupes aux artisans de conspirations, et c'est ici que je l'admire de n'en avoir pas présenté davantage.

Dans quel esprit a-t-il pu entrer que c'était manquer au Gouvernement de se plaindre d'un pareil état de chose? De cette multitude de vexations subalternes causées par la vanité, le fanatisme, la rapacité, mille hideux motifs ; de cette multitude de haines qui les font naître dans les cœurs d'hommes qui ont tant de peine à haïr, quels sont les avantages qui en reviennent au Roi, à sa famille. Tandis que les plus éclairés jugent bien les intentions du Roi ; qu'ils savent que ce n'est pas lorsqu'il trouve dans sa Charte les bornes de son pouvoir, qu'il a pu vouloir déléguer le despotisme à tous ses agens secondaires, n'est-il pas vrai que les plus éloignés, les moins éclairés ne connaissent de la chose publique que l'agent immédiat? S'ils sont maltraités, ils y attachent leur haine; et celui-ci, se croyant représenter le Gouvernement, dit que tel canton pense mal, parce qu'il hait la tyrannie.

Comment effrayera-t-on ces hommes qui se livrent à l'arbitraire, si ce n'est par la publicité? Que l'indignation des gens de bien les arrête du moins, puisqu'on ne veut pas que le châtiment les atteigne.

On a professé publiquement une théorie sur laquelle il m'a été impossible de me taire: son plus grave inconvénient est de faire voir aux administrés qu'ils sont livrés, pieds et poings liés, aux administrateurs, et à ceux-ci qu'ils peuvent tout se permettre.

Qu'une absolution générale soit accordée, nous le désirons tous, nous qui n'en avons point à recevoir; mais que tous ceux qui ne veulent pas marcher dans le sens de la volonté du Roi et de la nation, et se conformer aux lois de leur pays, quittent les fonctions publiques, et que ceux qui y demeureront soient, comme les autres citoyens, responsables de leurs actions.

J'ai fini ma tâche: j'ai tenu la plume plus longtemps, peut-être, qu'il n'appartenait à un militaire ignoré. Quand j'ai embrassé ma noble carrière, j'ai promis à ma patrie de la défendre contre ses ennemis partout où je les trouverais.

C'est avec hésitation, avec répugnance que je suis entré dans une carrière nouvelle pour moi ; j'ai écrit pour ceux qui aiment la vérité, pour ceux qui la repoussent avec horreur ; des écrits ne servent à rien : si je leur ai déplu, si je me suis attiré leur haine, je les engage à se rappeler que je suis militaire.

Paris, le 25 *mai* 1818.

Le Colonel Fabvier.

PIÈCES JUSTIFICATIVES.

« NAPOLÉON revient dans cette cité dont il effaça les ruines, « dont il releva les édifices, dont il protégea le commerce et « les arts ; il y retrouve à chaque pas des monumens de sa « munificence ; sur les champs de bataille comme dans ses pa- « lais, toujours il veilla sur vos intérêts les plus chers. Toujours « vos manufactures obtinrent des marques de sa généreuse « sollicitude.

« Habitans de Lyon, vous revoyez dans Napoléon celui qui « vint arracher, en l'an 8, notre belle patrie aux horreurs de « l'anarchie qui la dévorait ;

« Qui, conduisant toujours nos phalanges à la victoire, éleva « au plus haut degré la gloire des armes et du nom français ;

« Qui, joignant au titre de grand capitaine celui de légis- « lateur, donna à la France ces lois bienfaisantes et tutélaires « dont chaque jour elle apprécie les avantages.

« Citoyens de toutes les classes, au milieu des transports qui « vous animent, ne perdez pas de vue le maintien de l'ordre et « de la tranquillité ; c'est le plus sûr moyen d'obtenir qu'il « daigne vous continuer cette bienveillance particulière dont il « vous multiplia tant de fois les gages. »

Fait à l'Hôtel-de-Ville de Lyon, le 11 mars 1815.

Signé le Comte DE FARGUES.

Lyon, ce 17 février 1818.

MONSIEUR LE COLONEL,

D'après les lettres que j'ai reçues de Son Excellence le ministre de la guerre, en date du 23 juin 1817; son ordre du jour à la garnison, du 27 juin, même année; celle reçue le 30 décembre dernier, résultant de l'inspection générale de mon corps; et l'ordre satisfaisant et honorable qu'a bien voulu laisser Son Excellence monseigneur le maréchal duc de Raguse au corps de la garnison, lors de son départ de Lyon; j'ai dû voir avec bien de l'étonnement que, dans une brochure publique à Lyon, et signée de vous, il se trouvait dans le vingt et unième paragraphe un article contre cette même garnison, et particulièrement contre ses chefs.

Je me plais à croire, monsieur le Colonel, qu'un ancien militaire qui, comme vous, jouit de l'estime générale, n'a pas entendu mystifier ses camarades d'armes, et que c'est sûrement par une faute d'impression qu'on aura mis ce qui peut compromettre les chefs de corps de cette garnison, dont je fais partie. Je vous prierai, monsieur le Colonel, de me faire connaître quelle a été votre intention dans cette brochure, relativement aux militaires dont l'honneur est attaqué, et que les chefs de corps en particulier ne peuvent laisser subsister. Quoique je n'aie pas l'honneur d'être connu de vous, monsieur le Colonel, ce que j'ai infiniment regretté, je suis persuadé qu'il n'entre point dans votre caractère, ni dans votre ame, d'insulter une garnison respectable, et que vous ne trouverez aucune difficulté à reconnaître que vous n'avez pas eu l'intention d'adresser des expressions injurieuses à des chefs de corps qui ont l'honneur de servir la patrie et Sa Majesté.

J'ai l'honneur d'être, avec la considération la plus distinguée,

Monsieur le Colonel,

Votre très-humble et très-obéissant serviteur,

Le colonel de la légion de la Loire-Inférieure,

Signé le Comte DE LA BESSE.

Paris, le 23 février au soir 1818.

Monsieur le Colonel,

Je viens seulement de recevoir la lettre que vous m'avez fait l'honneur de m'écrire, en date du 17 de ce mois; une erreur d'adresse est la cause de ce retard.

Vous vous plaignez de trouver dans le paragraphe que vous me citez des choses désagréables à la garnison de Lyon et à messieurs les chefs *des corps*.

C'est avec un bien vif empressement, monsieur le Colonel, que je vous présente les explications que vous désirez, et l'expression de mes regrets de m'être mal exprimé, ou d'avoir été mal compris. Je vous remercie de m'en avoir donné l'occasion.

En me servant du mot de *soldat*, j'ai voulu dire *militaire* en général; et en disant *chefs*, j'ai entendu les chefs militaires, et non les *chefs des corps*.

Voici pourquoi je ne me suis pas expliqué d'une manière précise. Forcé à parler par l'agression, j'ai voulu peindre la position des Lyonnais. Quoique la garnison en masse se soit montrée de manière à mériter des éloges universels, qu'en général les campagnes témoignent en faveur des détachemens qui les ont parcourues, il n'en est pas moins vrai que des individus égarés, d'autres trop peu surveillés, ont donné lieu à des plaintes fort graves, sans parler de l'affaire de la prison de St-Joseph, qui m'a fait éprouver une vive horreur (et M. votre lieutenant-colonel vous dira si j'ai parlé alors des hommes de votre corps autrement que comme d'hommes égarés). Vous ne savez peut-être pas qu'à Villefranche on a commis de grands excès; qu'à Saint-Andéol, et dans plusieurs autres communes, on a porté des plaintes de réquisitions de vin, de souliers, etc....; que des bourgeois de Lyon ont été frappés dans la rue à coups de cravache; qu'un caporal suisse, étant de garde, a blessé à coups de sabre la femme d'un ancien militaire français ; que des visites domiciliaires ont été faites avec un grand désordre ; que le désarmement a laissé entre les mains de quelques personnes des effets qui ne leur appartiennent pas : une entre autre a été obligée de satisfaire un particulier ; qu'on a traité les officiers en non activité, nos camarades communs, de la manière la plus dure, etc., etc. ?

Voilà les motifs qui m'ont engagé à m'exprimer d'une manière vague. Je cherchais à établir comment la division s'est mise entre les administrateurs et les administrés ; mais je ne voulais, en donnant des détails, faire de tort à personne. Si quelques individus ont eu des torts, les corps que vous et ces messieurs commandez n'en sont pas moins français, et bons français. Ils savent que l'intérêt du Roi est que les soldats et les citoyens ne fassent qu'une même famille ; ils n'en sont pas moins la base de nos espérances pour la gloire à venir.

Je vous prie, monsieur le Colonel, d'avoir la bonté de présenter mon explication à messieurs les chefs des corps ; agréez eux et vous tous mes regrets. Ils sont d'autant plus vifs, que si M. le maréchal s'est cru obligé de montrer quelque sévérité envers un petit nombre d'individus, et signaler quelques désordres, il n'en a pas moins rendu hautement et avec plaisir la plus haute justice à la garnison de Lyon.

Si je ne savais que les journaux ont ordre de ne rien insérer sur tout ceci, je me hâterais de rectifier par cette lettre ce qui vous a été désagréable. Si je dois écrire encore, je me ferai un rigoureux devoir et un grand plaisir de donner cette satisfaction à des corps où j'ai trouvé tant d'anciens camarades ; et j'espère que la première fois que nous nous trouverons ensemble devant les étrangers, vous m'honorerez tous de ce titre.

Si vous trouvez un moyen qui vous convienne de publier mon explication et mes regrets, je vous prie de me l'indiquer, tant je désire prouver à ces messieurs et à vous combien il est loin de mon intention de vous offenser.

J'écris à M. le marquis de Gannay, qui est ici ; si la chose peut vous être agréable, j'écrirai à chacun de ces messieurs; car j'ai bien à cœur de leur prouver qu'il n'a jamais été dans mon intention d'être injuste envers eux et peu respectueux envers les corps qu'ils commandent et le vôtre.

J'ai l'honneur d'être, avec la plus parfaite considération,

Monsieur le Colonel,

Votre très-humble et très-obéissant serviteur,

Le Colonel FABVIER,

attaché à l'état-major du maréchal duc de Raguse.

En engageant ces messieurs à donner toute la publication possible à ma lettre, j'ajoutais à M. de Castel-Bajac :

« Quant aux deux autres articles (que vous ne me désignez pas), ils sont, je suppose, de même nature. J'y donnerai toutes les explications que vous voudrez, pourvu toutefois que le sens que j'y attache demeure intact ; sens qui repose sur les nombreuses plaintes portées à M. le maréchal, et surtout ici. »

Lyon, ce 8 mars 1818.

MONSIEUR LE COLONEL,

Je viens de recevoir votre lettre du 23 de ce mois, et me suis empressé d'en envoyer copie à tous mes camarades, selon votre désir, et de la communiquer aux premières autorités de la division.

C'est avec le plus grand plaisir que je vous dirai, monsieur le Colonel, que je me trouve d'autant plus satisfait, que j'ai pu prouver à un corps d'officiers respectables et distingués, qu'un officier supérieur, aussi estimable que vous, n'avait voulu en rien les offenser, comme je l'avais toujours pensé. Les rapports qui m'avaient été faits des personnes qui vous connaissent bien; m'étaient un sûr garant de votre réponse distinguée; c'est ce qui caractérise un brave officier français, dont je serai toujours très-flatté d'avoir l'estime. Soyez assuré, monsieur le Colonel, que je suis tout aussi convaincu que vous que quelques-uns de nos hommes ont fait de grandes sottises, et que je les ai signalés; mais vous savez comme moi qu'il est impossible de prévenir ces sortes de troubles, qui empêchent toujours d'exercer la discipline aussi sévèrement vis-à-vis du soldat.

Si vous avez pris des renseignemens exacts dans ces pays et dans tous ceux où j'ai eu le bonheur de commander, je défie à un seul officier en non activité, nos camarades, de pouvoir m'accuser de vexation; mais, au contraire, je suis très-sûr qu'ils affirmeront que je les ai défendus dans tous les temps.

Outre qu'il entre dans mon caractère de soutenir tout ce qui porte l'épaulette, il est dans mes opinions et dans mon ame de soutenir les camarades malheureux, et qu'on pourrait opprimer; et quand vous aurez pris des informations exactes sur ma conduite, et que vous me connaîtrez davantage, je me plais à croire que vous rendrez justice à la loyauté et à la franchise des principes que je professe.

Je vous prie, en attendant, monsieur le Colonel, d'être bien persuadé que partout où je pourrai vous être de quelque utilité, ou bon à quelque chose, vous me trouverez très-disposé à le faire, et que je mériterai votre estime, celle de mes chefs et de mes camarades, dans tous les lieux où le service pourra nous appeler à la défense de notre patrie.

Le général Romœuf et mon lieutenant-colonel me chargent de vous dire mille choses de leur part.

J'ai l'honneur d'être, avec la considération la plus parfaite,

Monsieur le Colonel,

Votre très-humble et obéissant serviteur,

Le Colonel de la légion de la Loire-Inférieure,

Signé Comte DE LA BESSE.

Lyon, le 6 septembre 1817.

Monseigneur,

En conformité des ordres qui m'ont été adressés par Votre Excellence, relativement au désordre dont la prison de Saint-Joseph a été le théâtre, j'ai chargé M. Marrut du Varrin, commissaire de l'arrondissement de la place de Louis-le-Grand, de procéder sur-le-champ à l'enquête nécessaire, à l'effet de reconnaître et constater tous les faits et circonstances qui ont amené ou accompagné le désordre. J'ai l'honneur de mettre sous vos yeux, Monseigneur, les diverses pièces qu'il vient de me faire passer : il en résulte,

1° Que, depuis environ six semaines, c'est la quatrième fois que les soldats de garde ont fait feu sur les détenus de la maison de Saint-Joseph;

2° Que les soldats ont toujours regardé comme subsistante une consigne donnée très-antérieurement, et qui eût dû être révoquée sur la demande expresse qu'en a fait M. le préfet;

3° Que l'officier du poste n'a point ordonné cette mesure; qu'il ne l'a connue que par le bruit des coups de fusil ; qu'il est alors sorti pour faire rentrer sa troupe et arrêter le désordre ;

4° Que les soldats qui ont tiré y ont été vivement excités par les propos violens, plusieurs fois répétés, d'un des employés de la prison même, qui leur disait : *Tirez, tirez donc sur ces brigands-là*. Ils en ont donné le signalement, et l'ont reconnu lorsqu'il leur a été représenté. C'est le sieur Margaron, économe de la prison de Saint-Joseph.

J'ai ordonné l'arrestation de cet employé, qui sera traduit devant le tribunal compétent, comme l'instigateur et le provocateur du désordre qui a eu lieu. Je dois dire à Votre Excellence que, le 8 juin dernier, les mêmes excès furent commis dans la prison de Roanne, et qu'un détenu n'ayant pas obéi assez promptement à l'injonction qui lui fut faite par le factionnaire, fut tué d'un coup de feu.

J'ai apporté dans l'exécution de vos ordres, Monseigneur, toute la célérité dont j'étais capable ; mais j'ai l'honneur de vous observer que le régime intérieur des prisons étant étranger à mes attributions, et la police ne m'en étant pas dévolue, je n'ai eu aucune mesure à prendre à ce sujet, pour prévenir de pareils événemens.

Je suis avec respect,

Monseigneur,

De Votre Excellence,

Le très-humble et très-obéissant serviteur,

Le lieutenant de police,

Signé SAINNEVILLE.

P. S. Il me reste encore d'autres déclarations à recevoir demain ; j'aurai l'honneur de les envoyer à Votre Excellence.

Lyon, 7 septembre 1817.

MONSEIGNEUR,

J'ai l'honneur d'adresser ci-joint, à Votre Excellence, trois nouvelles pièces relatives aux événemens de Saint-Joseph ; elles m'ont paru d'une haute importance dans cette affaire.

La première est une déclaration des sergens et caporaux, qui affirment avoir reçu la consigne de tirer sur les prisonniers qui paraîtraient aux fenêtres.

La seconde, une déclaration additionnelle du concierge, qui concourt à établir que ce n'est que d'après les provocations réitérées du sieur Margaron, que les soldats du poste se sont déterminés à faire feu.

La troisième est une déposition du porte-clefs Dégaillé qui atteste qu'aucun prisonnier n'était aux fenêtres lorsque les deux derniers coups de fusil ont été tirés. Il en résulterait que la consigne n'aurait plus été applicable, et qu'il n'y a eu en ce moment aucune provocation de la part des prisonniers.

Si, en sa qualité d'agent civil, le sieur Margaron n'est point justiciable du conseil de guerre, il sera nécessaire que, lorsque ce tribunal aura pris connaissance et fait l'usage nécessaire de ces pièces, M. le capitaine rapporteur veuille bien me renvoyer, ou adresser à M. le procureur du Roi, celles qui concernent Margaron, afin que les poursuites convenables soient dirigées contre lui.

Les habitans de notre ville connaissent tout l'intérêt que Votre Excellence a pris à ces événemens; c'est à elle qu'ils seront redevables du retour de la modération et de la justice, qui seules assurent le repos et le bonheur des cités; et déjà ils la bénissent. Permettez-moi, Monseigneur, d'être en ce moment l'interprète d'une population nombreuse et reconnaissante, qui regarde votre envoi dans le sein de cette ville comme un des bienfaits de Sa Majesté.

Je suis avec respect,

Monseigneur,

De Votre Excellence,

Le très-humble et très-obéissant serviteur,

Le lieutenant de police,

Signé SAINNEVILLE.

JUGEMENT

Rendu par le Conseil de guerre permanent de la division militaire.

LOUIS, par la grâce de Dieu, roi de France et de Navarre, etc., etc., SALUT.

Le Conseil de guerre permanent de la division militaire a rendu le jugement suivant :

. . . .

M. le président a posé les questions ainsi qu'il suit :

1° Le sieur Bousquet, sous-lieutenant à la légion de la Loire-Inférieure, commandant le poste de la prison de Saint-Joseph, le 5 du présent mois, a-t-il pu empêcher, et était-il en son pouvoir d'empêcher les nommés Choignon et Laure, fusiliers à ladite légion, de faire feu sur les prisonniers qui ont été blessés le même jour ; est-il coupable ?

2° Le nommé Oger, susqualifié, en faction à huit heures du matin, le 5 de ce mois, à la prison de Saint-Joseph, n'ayant fait qu'exécuter une consigne, conçue en ces termes : *Lorsqu'un prisonnier se mettra aux fenêtres, le factionnaire lui criera trois fois de se retirer ; s'il n'obéit pas à la troisième fois, il fera feu dessus*, est-il coupable ?

3° Le nommé Chaignon, susqualifié, faisant partie de la garde de Saint-Joseph, le 5 de ce mois, étant accouru au coup de fusil du factionnaire, et ayant été provoqué et assailli à coups de pierres lancées par des prisonniers sur lesquels il a fait feu, est-il coupable ?

4° Le nommé Laure, susqualifié, faisant partie de la garde de Saint-Joseph, le 5 de ce mois, étant accouru au coup de fusil du factionnaire, et ayant été provoqué et assailli à coups de pierres lancées par des prisonniers sur lesquels il a fait feu, est-il coupable?

5° Les nommés Chaignon et Laure, susqualifiés, étant de garde, le 5 du présent, ayant fait feu sans ordre de leur chef, seront-ils renvoyés à la discipline de leur corps?

Les voies recueillies pour chacune des questions séparément, en commençant par le grade inférieur, M. le président ayant émis son opinion le dernier, le second Conseil de guerre permanent déclare, à l'unanimité, sur les première, deuxième, troisième et quatrième questions, la négation; et sur la quatrième question, le second Conseil de guerre permanent déclare, à l'unanimité, l'affirmative.

En conséquence, etc.. . . . .

Jacques Perroud, chef de bataillon, chevalier de l'ordre de la Légion-d'Honneur, ex-lieutenant du Roi de la place de Dijon, en retraite à Villefranche,

A Son Excellence Monseigneur le duc de Raguse, Maréchal de France, Lieutenant du Roi dans les 7e et 19e divisions militaires.

MONSEIGNEUR,

J'ai l'honneur de vous adresser ma réclamation contre un acte arbitraire commis envers ma personne.

Par ordre du sous-préfet de Villefranche, j'ai été arrêté dans mon domicile le 14 juin dernier, sans qu'on m'en ait fait connaître les motifs, sans me donner copie de l'ordre.

Le 22, après huit jours de détention, on m'a interrogé, comme un enfant, sur l'emploi que j'avais fait de la journée du 8.

Ma réponse a été telle, qu'on a dû rougir de ne m'avoir pas fait la question avant de m'arrêter... Cependant on ne m'a point rendu la liberté.

Le 30, on m'a fait dire de produire mes témoins justificatifs.... Des témoins justificatifs, lorsqu'il n'y a point de charges!!!!.... Je m'y suis refusé.

Ma détention s'est prolongée.

A mon insçu, des amis ont apporté une attestation certifiée par M. le lieutenant général marquis de Monspey, maire.

On a jugé cette pièce insuffisante; j'ai continué à garder prison.

Ces mêmes amis ont eu la faiblesse d'assigner des témoins....

Les prétextes étaient épuisés.

J'ai été mis en liberté après vingt-sept jours de captivité.

Depuis, j'ai voulu connaître sur quelle prévention, en vertu de quelle loi, d'après quel ordre j'avais été arrêté. Le greffier m'a refusé la communication des pièces.

Je me suis adressé au président, je n'ai pas été plus heureux.

J'ai renouvelé vingt fois ma réclamation, j'ai toujours éprouvé les mêmes refus.

Monseigneur, un officier s'abstient de parler de ses services et de ses blessures; mais il doit parler plus hautement qu'un autre contre la violation de ses droits de citoyen.

Tel est l'objet de ma demande. Veuillez vous en faire rendre compte, et que justice me soit faite.

J'ai l'honneur d'être avec le plus profond respect,

Monsieur le Maréchal,

Votre très-humble et très-obéissant serviteur,

Signé PERROUD.

Villefranche, le 10 septembre 1817.

DIX-NEUVIÈME DIVISION MILITAIRE.

Ordre du jour de la division pour la place de Lyon, 9 juin 1817.

Officiers, sous-officiers et soldats de la Garde nationale et des troupes de ligne,

Des brigands ont tenté de se mesurer contre vous ; leur projet n'a échoué que parce que votre noble contenance les a épouvantés. Trop lâches pour croiser le fer avec les braves gardes nationales et les intrépides soldats du Roi, ils ont eu recours à des assassinats ; et vous eussiez tous été leurs victimes s'ils avaient pu vous attaquer un à un. Ils ne respirent que le pillage et le désordre. S'ils osent se présenter encore, frappez, et qu'ils disparaissent de cette terre qu'ils ont souillée depuis long-temps par des forfaits.

Vous avez fait votre devoir ; vous vous êtes montrés citoyens et soldats fidèles. Je vous remercie. Vous avez sauvé Lyon. *Vive le Roi !*

Le lieutenant général commandant la 19e division militaire,

Signé CANUEL.

MAIRIE DE LYON.

Proclamation.

HABITANS DE LA VILLE DE LYON,

Depuis plusieurs jours, des bruits sinistres, trop souvent précurseurs des orages, avaient éveillé l'attention de l'autorité, et l'avaient éclairée sur les coupables desseins de la malveillance, qui, malgré l'ombre du mystère dont elle cherchait à s'envelopper, n'a pu dérober à l'œil des magistrats sa marche ténébreuse.

Une trame aussi insensée que criminelle était ourdie, et ses ramifications s'étendaient dans les campagnes environnantes, où des individus égarés, séduits par des promesses trompeuses, se livraient avec confiance aux discours insidieux des plus vifs instigateurs.

Leur but était le désordre, le pillage, l'assassinat; c'est là que tendaient leurs désirs et leurs efforts; et les plus affreux moyens étaient ceux qu'ils devaient employer pour parvenir à ce but.

Mais tous les fils de cette trame odieuse étaient dans la main de l'autorité. Toutes les mesures étaient prises pour opposer une résistance aussi vigoureuse que légitime aux tentatives de ces scélérats, qui se sont livrés à donner la mesure de leurs intentives criminelles, en assassinant de la manière la plus lâche un des braves officiers de la légion de l'Yonne.

Grâce aux sages et prudentes dispositions du digne magistrat à qui ce département est confié; grâce à l'habile général qui commande la 19e division militaire; grâce au courageux dévouement de la garde nationale, qui fournit chaque jour de nouveaux sujets aux éloges qu'elle mérite si bien; grâce au zèle des troupes fidèles et valeureuses qui composent la garnison;

grâce enfin à l'empressement de tous les Lyonnais, qui savent toujours déployer ce caractère et ce cœur français qui les distingue si éminemment, le complot a été déjoué, la tranquillité maintenue, et une grande partie des coupables ont été remis entre nos mains.

Une punition exemplaire, non moins prompte que sévère et justement méritée, fera connaître que si l'indulgence est inépuisable pour l'erreur et l'égarement, la justice sait être inflexible pour le crime, l'audace et la révolte.

Habitans de la ville de Lyon, vos magistrats ont su vous apprécier dans des circonstances plus difficiles; ils comptent sur vous en toute assurance. Vous resterez paisibles; vous ne concevrez aucune crainte, aucune alarme, et vous vous reposerez sur leur sollicitude. Vous vous rallierez à eux, vous unirez vos efforts aux leurs pour les couronner du succès, et vous soutiendrez l'honneur d'une ville qui se distingua toujours par son courage, par son zèle pour le maintien du bon ordre, ainsi que par l'amour qu'elle porte à son souverain légitime. *Vive le Roi!*

Fait à l'Hôtel-de-Ville de Lyon, le 9 juin 1817.

Le maire de la ville de Lyon,

Signé le Comte DE FARGUES.

Lyon, ce 27 septembre 1817.

MONSIEUR LE MARÉCHAL,

D'après l'ordre que vous m'avez transmis, par votre lettre du 25 de ce mois, j'ai l'honneur de mettre sous vos yeux les divers rapports que j'ai faits à Son Excellence le ministre de la police générale, sur messieurs les officiers à demi-solde, ou en retraite, en résidence à Lyon.

Vous remarquerez, monsieur le Maréchal, que la conduite de ces officiers a toujours été irréprochable, et que, dans toutes les circonstances, je me suis empressé de rendre le témoignage le plus satisfaisant du bon esprit qui les anime.

Ces braves ont versé leur sang pour leur pays, et ce ne sont pas eux qui troubleront la tranquillité de notre noble France.

Je suis avec respect,

Monsieur le Maréchal,

Le lieutenant de police,

Signé SAINNEVILLE.

DE L'IMPRIMERIE DE Mme Ve H. PERRONNEAU,
quai des Augustins, n° 39.

www.ingramcontent.com/pod-product-compliance
Lightning Source LLC
LaVergne TN
LVHW020351230826
846091LV00003B/1061